Klara Kirschbaum

Mini-Escape-Rooms als Stundeneinstieg: Deutsch

22 Rätsel zu den Kompetenzbereichen Sprechen und Zuhören, Schreiben, Lesen und Sprache untersuchen

Klara Kirschbaum studierte in Karlsruhe Lehramt für die Grundschule mit den Fächern Deutsch, Religion und Sachunterricht. Sie absolvierte das Referendariat an einer Grundschule in Köln und arbeitet seitdem in Hamburg. Klara Kirschbaum ist Autorin zahlreicher Lehrwerke.

Wir verwenden in unseren Werken eine genderneutrale Sprache, damit sich alle gleichermaßen angesprochen fühlen. Wenn keine neutrale Formulierung möglich ist, nennen wir die weibliche und die männliche Form. In Fällen, in denen wir aufgrund einer besseren Lesbarkeit nur ein Geschlecht nennen können, achten wir darauf, den unterschiedlichen Geschlechtsidentitäten gleichermaßen gerecht zu werden.

1. Auflage 2024

AAP Lehrerwelt GmbH
Veritaskai 3
21079 Hamburg
Telefon: +49 (0) 40325083-040
E-Mail: info@lehrerwelt.de
Geschäftsführung: Andrea Fischer, Sandra Saghbazarian, Robin Schlenkhoff
USt-ID: DE 173 77 61 42
Register: AG Hamburg HRB/126335

Autorschaft:	Klara Kirschbaum
Covergestaltung:	TSA&B Werbeagentur GmbH, Hamburg
Coverillustration:	Julia Flasche
Illustrationen:	Katharina Reichert-Scarborough (Hauptillustratorin), Barbara Gerth (Treppe), Kristina Klotz (Strichmännchen mit Wörterbuch), Satzpunkt Ursula Ewert GmbH (Vorlagen)
Satz:	Satzpunkt Ursula Ewert GmbH, Bayreuth
Druck und Bindung:	Korrekt Nyomdaipari Kft., Budapest

ISBN/Bestellnummer: 978-3-403-21156-3
www.persen.de

Inhaltsverzeichnis

Einführung 5
Was sind Mini-Escape-Rooms? 5
Themenwahl 6
Wie ein Klassenzimmer zum Escape-Room wird 6
Breakout-Materialien 6
Reflexion des Breakouts 7
Anleitung für die Lehrkraft 7

Lesen 8
Piratengeschichten 8
- *Hinweise und Geschichte* 8
- *Rätsel* 9
- *Zahlenschloss* 11
- *Tipps und Lösung* 11

Märchen 12
- *Hinweise und Geschichte* 12
- *Rätsel* 13
- *Türcode* 14
- *Tipps und Lösung* 15
- *Belohnung* 15

Gedichte 16
- *Hinweise und Geschichte* 16
- *Rätsel* 17
- *Bildschirm* 19
- *Tipps und Lösung* 19

Fabeln 20
- *Hinweise und Geschichte* 20
- *Belohnung* 21
- *Rätsel* 21
- *Zahlenschloss* 23
- *Tipps und Lösung* 23

Sachtexte 24
- *Hinweise und Geschichte* 24
- *Rätsel* 25
- *Bildschirm* 26
- *Tipps und Lösung* 26

Diskontinuierliche Texte 27
- *Hinweise und Geschichte* 27
- *Rätsel* 28
- *Türcode* 29
- *Tipps und Lösung* 29

Sprache und Sprachgebrauch untersuchen 30
Satzglieder 30
- *Hinweise und Geschichte* 30
- *Rätsel* 31
- *E-Mail* 32
- *Tipps und Lösung* 33
- *Belohnung* 33

Fremdwörter 34
- *Hinweise und Geschichte* 34
- *Rätsel* 35
- *Zahlenschloss* 36
- *Tipps und Lösung* 36

Adjektive 37
- *Hinweise und Geschichte* 37
- *Rätsel* 38
- *Zahlenschloss* 40
- *Tipps und Lösung* 40

Die vier Fälle 41
- *Hinweise und Geschichte* 41
- *Rätsel* 42
- *Türcode* 44
- *Tipps und Lösung* 44

Verben in verschiedenen Zeitformen 45
- *Hinweise und Geschichte* 45
- *Rätsel* 46
- *Türcode* 47
- *Tipps und Lösung* 47

Satzzeichen 48
- *Hinweise und Geschichte* 48
- *Rätsel* 49

Bildschirm 51
Tipps und Lösung 51

Schreiben 52
Wörter mit i oder ie 52
Hinweise und Geschichte 52
Rätsel 53
Zahlenschloss 54
Tipps und Lösung 54

Großschreibung 55
Hinweise und Geschichte 55
Rätsel 56
Türcode 57
Tipps und Lösung 58
Belohnung 58

Wörter mit s, ss oder ß 59
Hinweise und Geschichte 59
Rätsel 60
Zahlenschloss 61
Tipps und Lösung 61

Wörter mit k oder ck 62
Hinweise und Geschichte 62
Rätsel 63
Türcode 64
Tipps und Lösung 64

Arbeit mit dem Wörterbuch 65
Hinweise und Geschichte 65
Rätsel 66
Bildschirm 67
Tipps und Lösung 67

Wortfamilien 68
Hinweise und Geschichte 68
Rätsel 69
Türcode 71
Tipps und Lösung 71

Sprechen und Zuhören 72
Buchvorstellung planen 72
Hinweise und Geschichte 72
Rätsel 73
Zahlenschloss 74
Tipps und Lösung 74

Gesprächsregeln 75
Hinweise und Geschichte 75
Rätsel 76
Bildschirm 78
Tipps und Lösung 78

Konflikte lösen 79
Hinweise und Geschichte 79
Rätsel 80
Zahlenschloss 81
Tipps und Lösung 81

Gruselgeschichten 82
Hinweise und Geschichte 82
Rätsel 83
Türcode 85
Tipps und Lösung 85

Anhang 86
Karten zur Gruppeneinteilung 86
Informationen für die Spielteams 87
Ausweise für Superdetektivin/Superdetektiv . . 88
Belohnungskarten 89

Was sind Mini-Escape-Rooms?

Die kniffligen Rätsel der Escape-Room-Spiele, im Bildungskontext auch Breakout-Edu bzw. Edu-Breakout genannt, liegen im Trend. Bei einem Edu-Breakout handelt es sich um ein Spiel, das in eine übergeordnete Erzählung eingebettet ist, die wiederum das Spielziel vorgibt. Es kann beispielsweise darum gehen, mit einem Zahlencode eine Tür zu öffnen, einem Raum mithilfe eines Passwortes zu entkommen oder den richtigen Buchstabencode zu übermitteln. In einer vorgegebenen Zeit müssen die Spielerinnen und Spieler versuchen, das Spielziel durch das Lösen von Rätseln zu erreichen.

Die Spiele basieren dabei auf Logicals, Suchseln, Quizfragen, Bilderrätseln, Kreuzworträtseln usw. In allen Aufgaben sind dabei Inhaltselemente der Kompetenzbereiche des Bildungsplans Grundschule im Fach Deutsch sowie Konzentrations- und Logikaufgaben integriert. Es gibt Aufgaben zu allen Deutschbereichen des Lehrplans: *Schreiben, Lesen – mit Texten und Medien umgehen, Sprache und Sprachgebrauch untersuchen* sowie *Sprechen und Zuhören*. Fachliche Inhalte können so spielerisch stimuliert, erlernt, geübt oder wiederholt werden – auch ein fächerübergreifendes Lernen ist möglich.

Üblicherweise wird ein Edu-Breakout innerhalb einer kleinen Gruppe (4–6 Spielerinnen und Spieler) gespielt. Die Mini-Escape-Room-Rätsel dieses Bandes sind so angelegt, dass sie in 10 bis 15 Minuten gelöst werden können und als Stundeneinstiege im Verlauf einer Unterrichtseinheit dienen.

Escape-Rooms erzählen immer auch eine Geschichte. Die Kinder erfahren in dieser Rahmenhandlung, warum sie die Aufgaben lösen müssen und warum dies in einer bestimmten Zeit geschehen muss (z. B.: *Wenn ihr euch aus dem Turm befreien wollt, müsst ihr das Rätsel lösen.*).

Themenwahl

Edu-Breakouts können in nahezu allen Fächern und zu beinahe allen Themen eingesetzt werden. Neben dem Deutschunterricht bieten sie sich zum Beispiel zu Themen der folgenden Fächer an:

- Religionsunterricht mit Themen wie Weltreligionen, Bibel, Feste im Kirchenjahr, Leben und Wirken Jesu …
- Sachunterricht mit Themen wie Körper und Sinne, Naturphänomene, Feuerwehr, Wald …
- Mathematikunterricht mit Themen wie Geometrie, Sachrechnen, Größen, Grundrechenarten, Einmaleins …

Wie ein Klassenzimmer zum Escape-Room wird

Die Klasse in einen Raum einzusperren, geht natürlich nicht. Arbeiten Sie daher mit verschiedenen Kisten und Truhen, die verschlossen werden können. Auch die Kopiervorlagen am Ende eines Breakouts können zur Veranschaulichung genutzt werden. Hierbei handelt es sich um Bildvorlagen von Schlössern, in die die Lösung (ein Zahlencode) eingetragen wird.

Sinnvoll ist es, die Klasse in Teams einzuteilen. Damit die Gruppen bunt gemischt sind, können Sie die Karten zur Gruppeneinteilung (s. Anhang) verwenden. Je nach Fähigkeiten der Schülerinnen und Schüler können den einzelnen Gruppenmitgliedern verschiedene Aufgaben zugeteilt werden: schreiben, Zeit im Blick haben, Material verwalten usw.

Der Klassenraum kann zudem mit passender Dekoration ausgestattet werden.

Breakout-Materialien

Folgende Materialien sollten für die Schülerinnen und Schüler bereitstehen:

- Rätselvorlagen in der Anzahl der Gruppen
- Belohnung für die fertigen Teams
- Karten zur Gruppeneinteilung
- Informationen für die Spielteams
- Urkunde für die fertigen Teams
- Scheren, Kleber und Stifte
- eine Stoppuhr, um die verbleibende Zeit anzuzeigen
- ggf. verschiedene Schlüssel und Schlösser sowie abschließbare Boxen
- ggf. Tablets bzw. Computer mit Internetzugang für die Recherche
- ggf. Requisiten zur stimmungsvollen Dekoration des Klassenraums

Reflexion des Breakouts

Folgende Fragen ermöglichen eine Reflexion im Anschluss an das Spiel:

- Wie haben wir in der Gruppe zusammengearbeitet?
- Was hat gut funktioniert?
- Was würden wir beim nächsten Spiel anders machen?
- Wie können wir beim nächsten Mal im Team besser zusammenarbeiten?
- Was haben wir gelernt?
- Welche Aufgaben waren leicht?
- Welche Aufgaben waren schwer?

Anleitung für die Lehrkraft

Im vorliegenden Buch finden Sie 22 Mini-Escape-Rooms für den Deutschunterricht. Die Spiele sind für Grundschulkinder der Klassen 3 und 4 konzipiert und können als Unterrichtseinstiege eingesetzt werden. Es gibt sowohl Rätsel, die in ein neues Thema einleiten, als auch jene, die im Verlauf oder zum Abschluss der Unterrichtseinheit eingesetzt werden können. Dies wird durch folgende Kennzeichnung deutlich:

 zu Beginn der Unterrichtseinheit, um die Kinder auf das Thema einzustimmen

 im Verlauf der Unterrichtseinheit, um neue Inhalte einzuführen oder bereits Erlerntes zu wiederholen

 zum Abschluss der Unterrichtseinheit, um Inhalte zu wiederholen und zu festigen

Auch sind je nach Wissensstand der Kinder mehrfache bzw. andere Einsetzungen möglich. Hier sind Sie als Lehrkraft frei darin, die Mini-Escape-Rooms als Unterrichtseinstiege je nach Lerngruppe in die Unterrichtseinheit zu integrieren. Die Anzahl der Rätsel bzw. die Aufgaben können beliebig reduziert oder erweitert werden. Dazu müssen lediglich die Eingabefelder beim Türcode, dem Bildschirmpasswort oder dem Zahlenschloss sowie die Zeitangabe in der Geschichte angepasst werden.

Die einzelnen Breakouts sind wie folgt aufgebaut:

- Die Geschichte zum Spiel wird zu Beginn der Unterrichtsstunde vorgelesen. Die Stelle, an der die Rahmenerzählung unterbrochen wird, ist markiert. Haben alle Gruppen die Rätsel gelöst und der Lehrkraft das Ergebnis genannt, wird das Ende der Geschichte vorgelesen.
- Tipps und Lösungen der Rätsel finden Sie am Ende der Breakouts. Kommt eine Gruppe während des Spiels nicht weiter, kann sie sich Tipps abholen oder Zwischenergebnisse kontrollieren lassen. Die Anzahl der genutzten Tipps kann für jedes Team von der Lehrkraft notiert werden.

Piratengeschichten

Hinweise und Geschichte

Benötigte Materialien:

- Stoppuhr
- Geschichte zum Vorlesen
- Rätselmaterialien in der Anzahl der Gruppen
- Umschläge

Vorbereitung:

- Rätsel in der Anzahl der Teams kopieren und an den Trennlinien auseinanderschneiden
- in der Klasse die Informationen für die Spielteams aufhängen und zu Beginn noch einmal darauf hinweisen
- nach Wunsch als Belohnung einen Gutschein vorbereiten oder eine weiterführende Aufgabe aus der Unterrichtseinheit vergeben

Durchführung:

- Gruppen mithilfe der Karten einteilen
- Geschichte vorlesen
- jedem Team die Rätselmaterialien in einem Umschlag überreichen
- die Zeit starten

Geschichte zum Vorlesen

Ihr und eure Piratencrew habt von einem alten Schatz gehört, der auf einer geheimen Insel versteckt sein soll. Man erzählt sich, dass der Schatz dort von dem berüchtigten Seeräuber *Schwarzer Lausebart* vergraben wurde. Als der unerwartete Tod des Seeräubers unter den Piraten die Runde macht, habt ihr sofort begonnen, nach seinen Überresten zu suchen. Vielleicht hat er ja wichtige Hinweise hinterlassen? Und tatsächlich: Ihr habt einen Zettel beim Skelett von *Schwarzer Lausebart* gefunden. Auf dem Papierstück hat der alte Pirat kurz vor seinem Tod beschrieben, wie die geheime Insel und der Schatz gefunden werden können. „Es wäre doch schade drum, wenn er dort vergessen wird“, schreibt er. „Oder noch viel schlimmer: Wenn der Schatz an meinen Feind *Einäugiger Rostfuß* geht.“

Viele Piratenbanden haben seitdem versucht, die Insel zu finden. Auch ihr habt eine lange Zeit gebraucht – und das, obwohl ihr Hinweise von *Schwarzer Lausebart* hattet, wie die geheime Insel gefunden werden kann. Nun ist es endlich so weit: Ihr habt sie mitten im großen Ozean gefunden!

Doch *Einäugiger Rostfuß* ist euch dicht auf den Fersen. Er hat von eurem Zettelfund erfahren und ist euch seitdem heimlich gefolgt. Am Horizont könnt ihr schon sein Segelschiff entdecken.

Ihr habt 15 Minuten Vorsprung und müsst euch beeilen …

Ende der Geschichte

Aufgeregt stellt ihr am Zahlenrad die Ziffer 6 ein. Beim Klabautermann: Es ist geschafft! Das Zahlenschloss lässt sich öffnen und ihr könnt staunend euren Schatz betrachten.

Lest die Geschichte.
Zeichnet den Weg auf der Inselkarte ein.
Der Weg zeigt euch die fehlende Ziffer für die Schatztruhe.
Die Lösungsziffer für die Schatztruhe:

Ihr setzt Anker und betretet die Insel. Als Erstes müsst ihr die Zwillingspalmen finden. Ihr geht über den warmen Sand hinein ins Grün der Insel. Nach einiger Zeit findet ihr die zwei gleichen Palmen.
Danach sollt ihr nach einem Felsen Ausschau halten, der die Form eines Schädels hat. Einer von euch hat die Idee, auf die Palmen zu klettern, damit ihr euch einen besseren Überblick verschaffen könnt. Und da: der Schädelfelsen. Er sieht wirklich unheimlich aus. Ihr eilt zum Felsen, dessen Mund eine Höhle ist. Traut ihr euch hinein? Lieber nicht!
Vom Schädelfelsen aus ist das nächste Ziel schon zu sehen: die drei Berge.
Anschließend schickt euch *Schwarzer Lausebart* zu einem aktiven Vulkan.
Aber Vorsicht: Bloß nicht zu nah herangehen und schnell weiterlaufen, ansonsten ist die Schatzsuche schnell beendet!
Auf dem Weg zum nächsten Ziel findet ihr zwei gekreuzte Säbel. Einen nehmt ihr mit, Kapitän Halbsäbel kann einen neuen gebrauchen.
Nun gelangt ihr an den pinken See. Zur Abkühlung schwimmt ihr durch den See und erreicht schließlich einen Felsen. Unter ihm ist der Schatz vergraben.
Hat einer von euch einen Spaten dabei? Glück gehabt! Ihr müsst nicht tief graben, dann findet ihr die Schatztruhe und hebt sie heraus. Vier Ziffern sind schon richtig eingestellt und die fünfte habt ihr doch auf eurem Weg gefunden, nicht wahr?

RÄTSEL

ZAHLENSCHLOSS

TIPPS UND LÖSUNG

Tipps:

- Lest den Text genau.
- Schaut euch die Inselkarte an. Könnt ihr die Orte aus dem Text entdecken?
- Verbindet die Orte auf der Inselkarte mit einem Stift.
- Achtet dabei auf die Reihenfolge!

Zwischenergebnis:

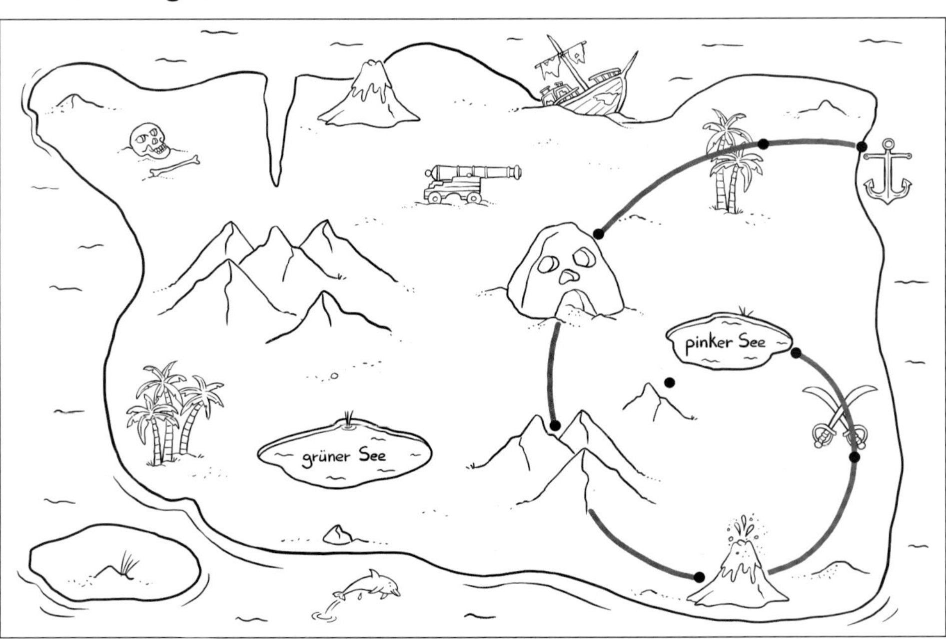

Lösungszahl: 6. Sie ergibt sich aus den Verbindungslinien auf der Karte.

MÄRCHEN

HINWEISE UND GESCHICHTE

Benötigte Materialien:
- Stoppuhr
- Geschichte zum Vorlesen
- Rätselmaterialien in der Anzahl der Gruppen
- Umschläge
- nach Wunsch als Belohnung einen Gutschein vorbereiten oder eine kleine Bastelarbeit in Form eines Ecklesezeichens ausgeben und dafür quadratisches, farbiges Papier bereitlegen

Vorbereitung:
- Rätsel in der Anzahl der Teams kopieren und an den Trennlinien auseinanderschneiden
- in der Klasse die Informationen für die Spielteams aufhängen und zu Beginn noch einmal darauf hinweisen

Durchführung:
- Gruppen mithilfe der Karten einteilen
- Geschichte vorlesen
- jedem Team die Rätselmaterialien in einem Umschlag überreichen
- die Zeit starten

GESCHICHTE ZUM VORLESEN

Ihr macht mit eurer Klasse einen Ausflug zum Märchenpark. Darauf habt ihr euch schon wochenlang gefreut. Der märchenhafte Erlebnispark hat vieles zu bieten: Ihr besucht eine Hexenschule, lernt, Zaubertränke zu brauen und helft Goldmarie beim Kissenausschütteln. Als ihr durch den Märchenwald schlendert, entdeckt ihr Rapunzels Turm. Die Turmtür ist nur angelehnt, aber eine Kette versperrt den Zugang. An ihr hängt ein Zettel: „Betreten verboten!" Eine Gruppe von euch ist in Abenteuerlaune, duckt sich unter der Kette hindurch und betritt den Turm. Mit einem lauten *Rumms* fällt die Tür hinter euch ins Schloss. Alles Rütteln ist vergeblich – die Tür bleibt verschlossen. Wie sollt ihr hier nur wieder herauskommen? Neben der Tür entdeckt ihr ein Zahlenfeld. Drei Ziffern sind bereits eingetippt, sie leuchten aber nur noch schwach. Ob ihr es einfach versuchen sollt und eine wahllose Zahl eintippen? Bloß nicht, das kann nur schiefgehen! Ihr sucht nach einem anderen Ausgang, als euch ein Umschlag in die Hände fällt. Darauf steht: „Ein Verbotsschild sollte nicht ignoriert werden! Da ihr es doch getan habt, müsst ihr euch die Freiheit verdienen! Drei Ziffern sind schon vorgegeben, die vierte muss enträtselt werden. Das gelingt jedoch nur echten Märchenprofis. Sind die Ziffern nur noch schwach zu sehen? Dann beeilt euch besser – in 15 Minuten sind sie weg und die Tür für immer verschlossen!" Schnell öffnet ihr den Umschlag …

ENDE DER GESCHICHTE

Ihr drückt die fehlende Ziffer auf dem Türöffner und … Puh, mit einem *Klick* öffnet sich die Tür! Jetzt nichts wie los zu eurer Klasse – fürs Erste habt ihr genug von Abenteuern.

Märchen

Lest die Zitate.
Wer hat das gesagt?
Verbindet die Figuren im Bild.
Die Figuren zeigen euch die fehlende Ziffer für den Türcode.
Die Lösungsziffer für den Türcode:

Kikeriki! Unsere goldene Jungfrau ist wieder hie! (1)

Wer hat von meinem Tellerchen gegessen? (6)

Was rumpelt und pumpelt in meinem Bauch herum? (8)

Ich bin so satt, ich mag kein Blatt! (4)

Sieben auf einen Streich! (5)

Aber Großmutter, was hast du für große Augen? (7)

Königstochter, jüngste, mach mir auf! (3)

Knusper, knusper, knäuschen, wer knuspert an meinem Häuschen? (2)

MÄRCHEN

RÄTSEL

TÜRCODE

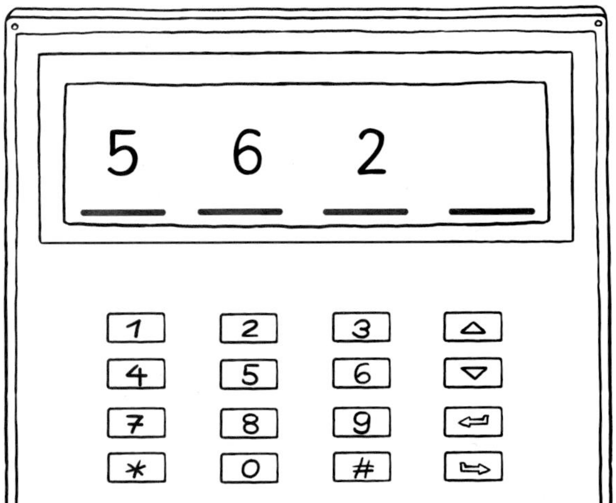

5 6 2 __

Märchen

Tipps und Lösung

Tipps:

- Verbindet die Märchenfiguren mit einem Stift.
- Achtet dabei auf die Reihenfolge!

Zwischenergebnis:

Lösungszahl: 9. Sie ergibt sich aus den Verbindungslinien auf dem Bild.

Belohnung

Bastle dir ein Ecklesezeichen zu deiner Lieblingsmärchenfigur!

So geht es:

1. Nimm dir ein quadratisches Blatt Papier in der Farbe deiner Wahl. Nimm für den Froschkönig grün, für den bösen Wolf braun …
2. Falte das Papier nach Anleitung.

1 Lege das Papier auf eine gerade Fläche.	2 Falte das Papier zu einem Dreieck.	3 Falte die linke Spitze nach oben (das Dreieck ist oben offen!).
4 Falte die rechte Spitze nach oben zu einem Viereck.	5 Klappe die Spitzen wieder auseinander.	6 Klappe eine Spitze nach unten.
7 Stecke die linke Spitze fest.	8 Stecke die rechte Spitze fest.	9 Knicke das obere Dreieck nach hinten. Male dein Lesezeichen an. Bastle zum Beispiel dem Frosch große Augen und eine Zunge oder Ohren und Zähne für den Wolf.

Gedichte

Hinweise und Geschichte

Benötigte Materialien:
- Stoppuhr
- Geschichte zum Vorlesen
- Rätselmaterialien in der Anzahl der Gruppen
- Umschläge

Vorbereitung:
- Rätsel in der Anzahl der Teams kopieren und an den Trennlinien auseinanderschneiden
- in der Klasse die Informationen für die Spielteams aufhängen und zu Beginn noch einmal darauf hinweisen
- nach Wunsch als Belohnung einen Gutschein vorbereiten oder eine weiterführende Aufgabe aus der Unterrichtseinheit vergeben

Durchführung:
- Gruppen mithilfe der Karten einteilen
- Geschichte vorlesen
- jedem Team die Rätselmaterialien in einem Umschlag überreichen
- die Zeit starten

Geschichte zum Vorlesen

Es gibt ein Land, in dem die Menschen immer in Reimen sprechen. Sie dichten den ganzen Tag. Wenn sie sich begrüßen, sagen sie nicht nur „Hallo“, sondern so etwas wie „Grüßli, Müsli“ oder „Gib Flosse, Genosse“. Wenn sie sich verabschieden sagen sie nicht nur „Tschüss“, sondern so etwas wie „Bis denne, Antenne“ oder „Ciao Kakao“. Jeden Morgen lesen die Kinder des Landes in der Schule Gedichte vor. Sie dürfen sie sich selbst aussuchen und von zu Hause mitbringen. Die Aufgabe ist leicht, denn die Kinder dürfen den ganzen Tag nichts anderes als Gedichte lesen: kurze, lange, kleine, große, laute, leise, lustige und traurige. Aus diesem Land kam heute Morgen ein Hilferuf zu uns:

„Liebe Kinder und guten Morgen,
ich habe leider große Sorgen.
Für die Schule heute habe ich ein Gedicht gefunden
und auf dem Laptop gespeichert in den Abendstunden.
Nun hab ich das Passwort glatt vergessen
und weiß nicht, was ich tun soll nun stattdessen.
Vier Ziffern habe ich mir noch gemerkt,
die fünfte ist in einem Rätsel vermerkt.
Bitte helft mir! Aber ihr müsst euch sputen!
Die Schule beginnt schon in 15 Minuten.

Ende der Geschichte

„Danke schön ihr Lieben,
es war doch wahrlich die Sieben!
Ohne euch hätte ich das nicht geschafft,
darauf einen Orangensaft!“

Lest die Gedichtzeilen.
Vervollständigt das Gedicht.
Welche Bilder passen zu den Strophen?
Die Lösungsziffer für das Bildschirmpasswort zeigt euch das Bild, das nicht zum Gedicht passt:

RÄTSEL

Das Samenkorn
(von Joachim Ringelnatz)

Ein Samenkorn lag auf dem Rücken,

Aus Mitleid hat sie es verschont

Das Korn, das auf der Erde lag,

Jetzt ist es schon ein hoher Baum

Die Amsel hat das Nest erbaut;

 RÄTSEL

dort sitzt sie nun und zwitschert laut.

die Amsel wollte es zerpicken.

und trägt ein Nest aus weichem Flaum.

und wurde dafür reich belohnt.

das wuchs und wuchs von Tag zu Tag.

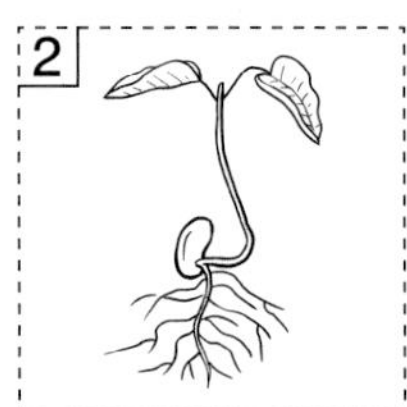

GEDICHTE

BILDSCHIRM

TIPPS UND LÖSUNG

Tipps:

- Achtet auf die Reimwörter.
- Frisst die Amsel wirklich das Korn?

Zwischenergebnis:

Das Samenkorn

Ein Samenkorn lag auf dem Rücken,

die Amsel wollte es zerpicken.

Aus Mitleid hat sie es verschont

und wurde dafür reich belohnt.

Das Korn, das auf der Erde lag,

das wuchs und wuchs von Tag zu Tag.

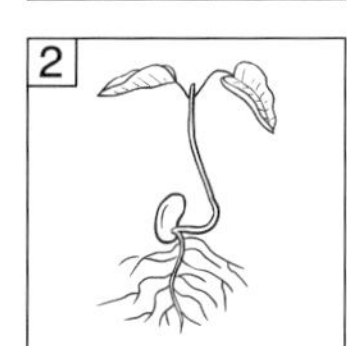

Jetzt ist es schon ein hoher Baum

und trägt ein Nest aus weichem Flaum.

Die Amsel hat das Nest erbaut;

dort sitzt sie nun und zwitschert laut.

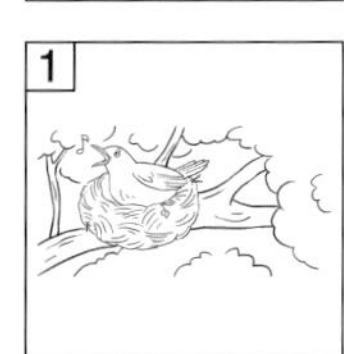

Lösungszahl: 7. Das Bild mit der Ziffer 7 passt nicht zum Gedicht.

FABELN

HINWEISE UND GESCHICHTE

Benötigte Materialien:
- Stoppuhr
- Geschichte zum Vorlesen
- Rätselmaterialien in der Anzahl der Gruppen
- Umschläge

Vorbereitung:
- Rätsel in der Anzahl der Teams kopieren und an den Trennlinien auseinanderschneiden
- in der Klasse die Informationen für die Spielteams aufhängen und zu Beginn noch einmal darauf hinweisen
- nach Wunsch als Belohnung einen Gutschein vorbereiten oder eine kleine Bastelarbeit in Form eines Origamifuchses ausgeben und dafür quadratisches, orangefarbenes Papier bereitlegen

Durchführung:
- Gruppen mithilfe der Karten einteilen
- Geschichte vorlesen
- jedem Team die Rätselmaterialien in einem Umschlag überreichen
- die Zeit starten

GESCHICHTE ZUM VORLESEN

Eine Schildkröte und ein Hase wollen einen Wettlauf machen. Die Nachricht hat sich in Windeseile unter den Waldtieren verbreitet. Die ersten Wetten laufen und die meisten setzen auf den Hasen. „Der hat zurecht die Schildkröte wegen ihrer Langsamkeit ausgelacht“, meint der Bär. „Ich wäre mir da nicht so sicher – es geht schließlich nicht nur nach Schnelligkeit“, gibt die Krähe zu bedenken.
Das entfacht eine wilde Diskussion und der Storch sammelt währenddessen die Wetteinsätze in einer Truhe. Gut verschließen, Herr Storch, und die Zahlenkombination nicht vergessen!
Dann ist es endlich so weit: Das Wettrennen startet. Der Hase ist weit vorne. Um die Schildkröte zu verspotten, legt er sich kurz vorm Ziel ins Gras und schläft – unerhört. Und was geschieht währenddessen? Richtig – die Schildkröte beweist Ausdauer und kriecht unermüdlich weiter. So gelangt sie tatsächlich als Erste zum Ziel. Die Zuschauer sind außer sich und die wenigen, die auf die Schildkröte gesetzt haben, freuen sich schon auf ihren Gewinn.
Doch, oje! Herr Storch hat die letzte Zahl für das Schloss vergessen. Könnt ihr ihm helfen? Es bleiben 15 Minuten, dann soll der Gewinn ausgeteilt werden.

ENDE DER GESCHICHTE

Nun kann Herr Storch die Zahlen einstellen: 8509 und die 7. Juhu, das Schloss geht auf und die Tiere veranstalten mit dem Gewinn ein großes Fest!

BELOHNUNG

Bastle dir einen Fuchs aus Papier.

1. Nimm dir ein quadratisches Blatt Papier (ca. 15 × 15 cm) in der Farbe Orange.
2. Falte nach Vorlage.

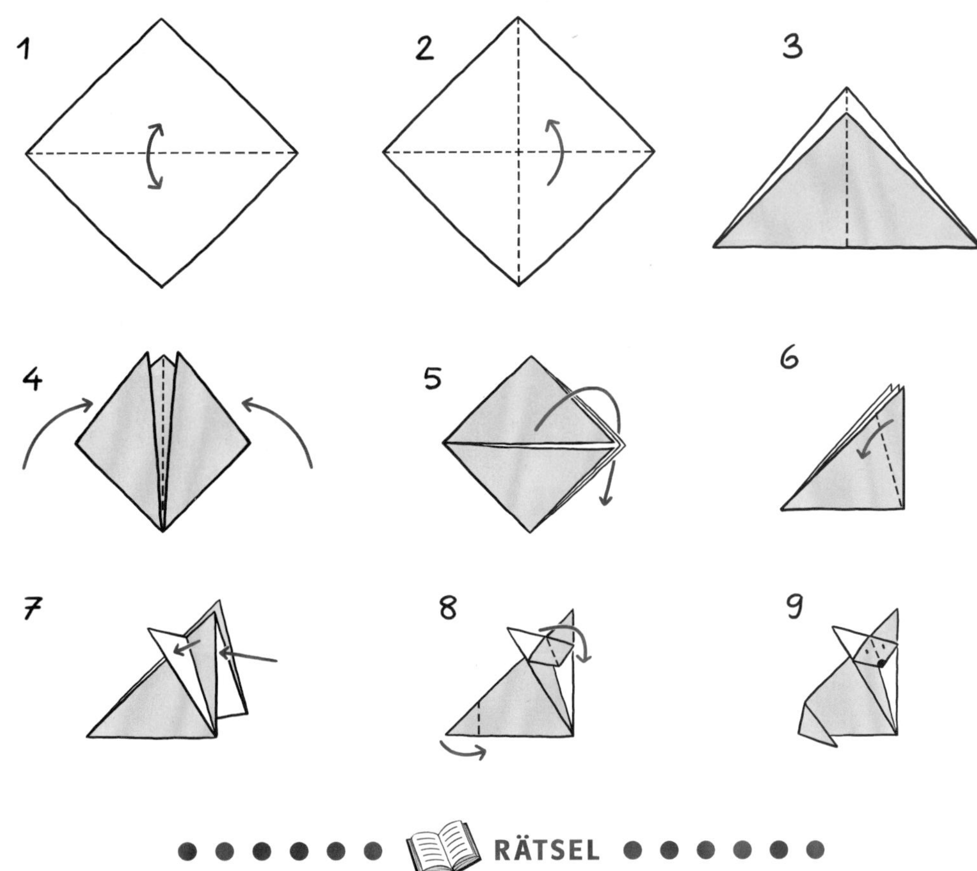

RÄTSEL

Schaut euch die Karten an.
Welche Eigenschaften passen zu den Tieren?
Schneidet die Karten aus und legt sie passend zusammen.
Die Fabeltiere zeigen euch die Reihenfolge.
Die Lösungsziffer für das Zahlenschloss ergibt sich aus den Buchstaben:

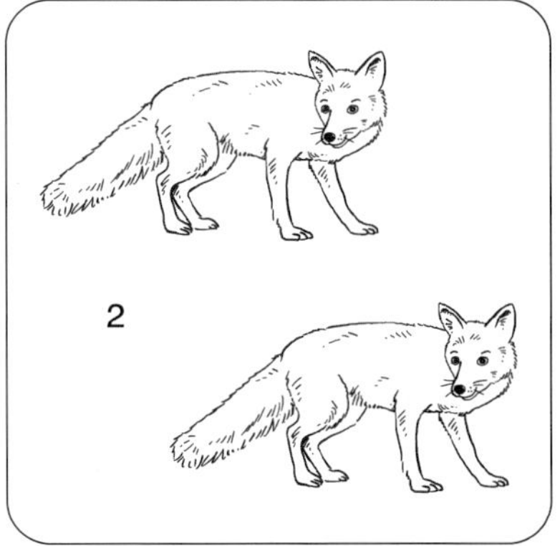

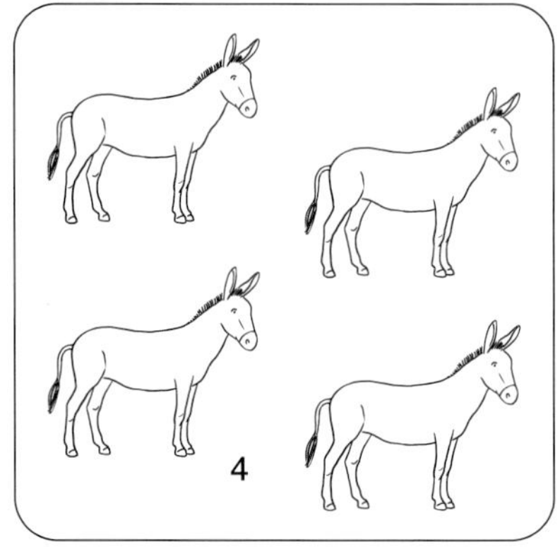

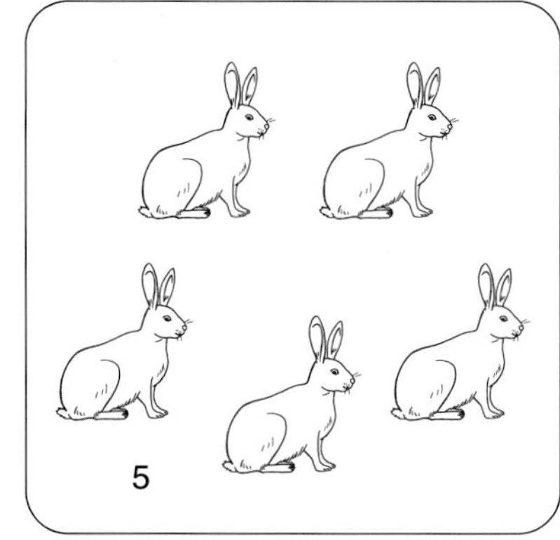

- **B** faul, dumm, störrisch
- **I** listig, schlau, durchtrieben
- **E** ängstlich, vorsichtig
- **S** stolz, mächtig, stark
- **N** hochmütig, gelehrt
- **E** lügnerisch, böse, rücksichtslos

FABELN

ZAHLENSCHLOSS

TIPPS UND LÖSUNG

Tipps:

- Legt die Bilder in der richtigen Reihenfolge untereinander.
- Die Anzahl der Tiere gibt einen Hinweis auf die Reihenfolge.
- Legt die passenden Wortkarten neben die Bilder.
- Der Löwe ist ganz schön stark!

Zwischenergebnis:

S stolz, mächtig, stark

B faul, dumm, störrisch

I listig, schlau, durchtrieben

E ängstlich, vorsichtig

E lügnerisch, böse, rücksichtslos

N hochmütig, gelehrt

Lösungszahl: 7. Sie ergibt sich aus den Buchstaben SIEBEN.

SACHTEXTE

 HINWEISE UND GESCHICHTE

Benötigte Materialien:
- Stoppuhr
- Geschichte zum Vorlesen
- Rätselmaterialien in der Anzahl der Gruppen
- Umschläge

Vorbereitung:
- Rätsel in der Anzahl der Teams kopieren und an den Trennlinien auseinanderschneiden
- in der Klasse die Informationen für die Spielteams aufhängen und zu Beginn noch einmal darauf hinweisen
- nach Wunsch als Belohnung einen Gutschein vorbereiten oder eine weiterführende Aufgabe aus der Unterrichtseinheit vergeben

Durchführung:
- Gruppen mithilfe der Karten einteilen
- Geschichte vorlesen
- jedem Team die Rätselmaterialien in einem Umschlag überreichen
- die Zeit starten

 GESCHICHTE ZUM VORLESEN

Eure Deutschlehrerin kündigt an, dass es in der kommenden Zeit um Sachtexte gehen soll. Ihr bekommt die Hausaufgabe, euch über die Unterschiede von Sachtexten und literarischen Texten zu informieren. Eine Gruppe von euch verabredet sich am Nachmittag mit einem Zeitungsreporter, der euch den Unterschied erklären und euch gleich noch den Ablauf in einer Zeitungsredaktion zeigen möchte. Als ihr pünktlich das Zeitungsgebäude betretet, ist es unheimlich still. Ihr hattet euch das Leben von Reportern lauter und turbulenter vorstellt … Ihr geht durch die Räume – sie sind alle leer. Am Türschild erkennt ihr das Büro des Reporters, mit dem ihr verabredet seid. Der Computerbildschirm leuchtet. Ihr tretet an den Schreibtisch und entdeckt einen Klebezettel am Bildschirm: „Notfall! Alle sind los. Ich habe euch alles, was ihr zu eurem Thema braucht, in Dateien zusammengestellt. Die Zahlen für das Passwort sind eingetippt, einfach die Eingabetaste drücken. Sie verschwinden 15 Minuten nach unserer verabredeten Zeit – zur Sicherheit!“

Doch was ist das? Vier Ziffern sind bereits eingegeben, aber die letzte fehlt. So ein Mist! Da entdeckt einer von euch Notizen auf der Schreibunterlage: Dort sind als Gedächtnisstütze Hinweise zu den fünf Passwortzahlen notiert. Ihr schaut euch die Notizen zur letzten Zahl an. Euch bleibt nicht viel Zeit, bis die Eingabe gelöscht wird.

 ENDE DER GESCHICHTE

Aufgeregt tippt ihr mit der Tastatur die 3 ein. Juhu – es hat funktioniert! Nun könnt ihr endlich die Dateien lesen.

Sachtexte

Lest euch den Text durch.
Entschlüsselt den Code.
Die Lösungsziffer für das Bildschirmpasswort:

Die meisten Texte lassen sich den Sachtexten oder den literarischen Texten zuordnen. Bei literarischen Texten handelt es zum um fiktionale Texte. Das bedeutet, dass sich eine Autorin / ein Autor den Text ausgedacht hat. Literarische Texte erzählen zum Beispiel traurige, lustige, spannende Geschichten, die die Leserin / den Leser unterhalten.

Sie sind so geschrieben, dass sich die Leserin / der Leser in die Figuren hineinversetzen kann.

Sachtexte hingegen stellen Sachverhalte dar. Sie wollen über ein bestimmtes Thema informieren. Sachtexte erfüllen dabei immer einen Zweck, zum Beispiel beschreiben sie, leiten an, bewerten, informieren oder fordern auf. Zu den Sachtexten gehören unter anderem Zeitungsartikel, Briefe, Rezepte, Gebrauchsanweisungen, Einladungen, Werbetexte, Wetterberichte, Wegbeschreibungen und Lexikonartikel.

Hinweise:

Die erste Zahl steht immer für die Zeile. . , : / werden mitgezählt

3/31 1/3 1/7 4/12 4/41 5/6 7/12

8/44 9/1 9/5 6/7

11/3 11/10 11/27

1/1 12/3 12/13 10/25

SACHTEXTE

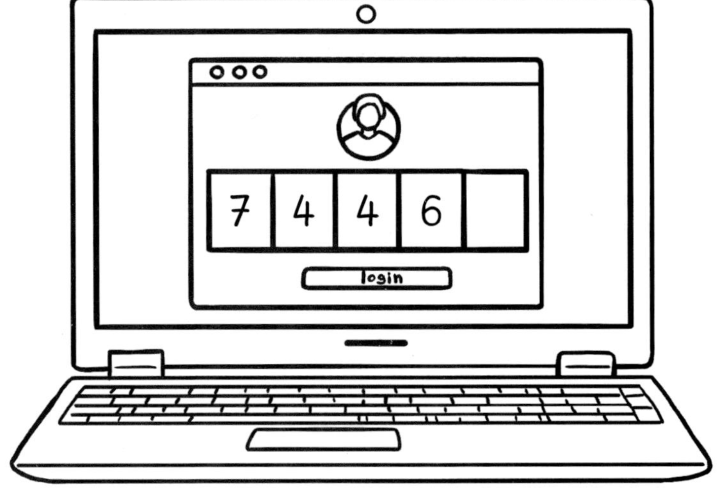

Tipps:

- Die zweite Zahl steht immer für den Buchstaben.
- 2/5 bedeutet zum Beispiel: der 5. Buchstabe in der 2. Zeile.
- Leerzeichen werden nicht mitgezählt!

Zwischenergebnis:

3/31	1/3	1/7	4/12	4/41	5/6	7/12	gesucht
8/44	9/1	9/5	6/7				wird
11/3	11/10	11/27					die
1/1	12/3	12/13	10/25				Drei

Lösungszahl: 3. Sie ergibt sich den entschlüsselten Wörtern „gesucht wird die Drei“.

Diskontinuierliche Texte

Hinweise und Geschichte

Benötigte Materialien:
- Stoppuhr
- Geschichte zum Vorlesen
- Rätselmaterialien in der Anzahl der Gruppen
- Umschläge

Vorbereitung:
- Rätsel in der Anzahl der Teams kopieren und an den Trennlinien auseinanderschneiden
- in der Klasse die Informationen für die Spielteams aufhängen und zu Beginn noch einmal darauf hinweisen
- nach Wunsch als Belohnung einen Gutschein vorbereiten

Durchführung:
- Gruppen mithilfe der Karten einteilen
- Geschichte vorlesen
- jedem Team die Rätselmaterialien in einem Umschlag überreichen
- die Zeit starten

Geschichte zum Vorlesen

Ihr besucht mit der Klasse ein Tierheim und wollt euch dort einen Nachmittag um die Hunde und Katzen kümmern. Eine Gruppe von euch spielt mit mehreren Welpen im Hundezimmer. Da – ein kleiner Frechdachs haut doch tatsächlich ab! Jetzt aber schnell hinterher, er ist schon um die Ecke gebogen. Ihr folgt dem kleinen Hund durch die Gänge des Tierheims. Dann ist er hinter einer Tür verschwunden, die nur angelehnt ist. Ihr betretet den Raum und – *Rumms* – die Tür fliegt hinter euch zu. Ihr rüttelt kräftig daran, aber es hat keinen Zweck: Sie bleibt verschlossen. Neben der Tür entdeckt ihr ein Ziffernfeld und einen Zettel. 184 steht darauf, aber eine Ecke ist abgerissen. Ihr tippt die drei Ziffern ein. Wie ihr schon vermutet habt, fehlt euch eine Zahl. Einfach versuchen? Definitiv zu riskant! Ihr schaut euch im Raum um. Da bemerkt ihr den Welpen, der aufgeregt versucht, unter einen Schrank zu kriechen. Was er da wohl gefunden hat? Ihr schaut nach und entdeckt einen Briefumschlag! Ob euch der Inhalt die letzte Zahl liefert? Ihr müsst euch beeilen, in 15 Minuten soll es zurück zur Schule gehen.

Ende der Geschichte

Aufgeregt tippt ihr mit der Tastatur die 4 ein und die Tür öffnet sich mit einem *Klick*. Schnell macht ihr euch auf den Weg zurück zur Klasse. Und der kleine Welpe? Der bekommt von euch als Dank noch ein bisschen Leberwurst.

Diskontinuierliche Texte

Schaut euch das Diagramm genau an.
Sind die Aussagen richtig oder falsch?
Die Anzahl der richtigen Aussagen verrät euch die Ziffer für den Türcode:

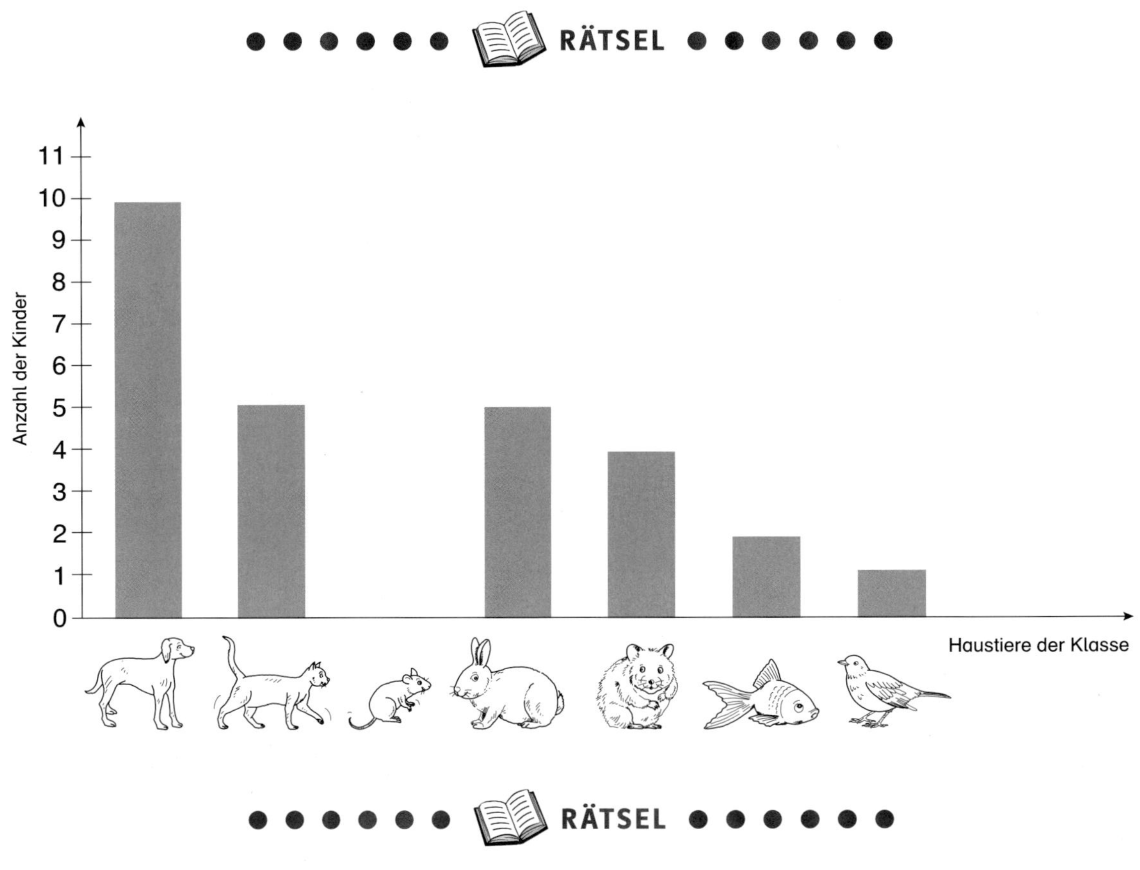

Kreuzt an.

	richtig	falsch
Hunde sind die beliebtesten Haustiere in der Klasse.		
Katzen sind beliebter als Hamster.		
Ein Kind hat Mäuse als Haustiere.		
Es werden in der Klasse mehr Hundeknochen als Hamsterräder gebraucht.		
Gleich viele Kinder haben Katzen und Kaninchen als Haustiere.		
In der Klasse werden mehr Vogelkäfige als Aquarien gebraucht.		

DISKONTINUIERLICHE TEXTE

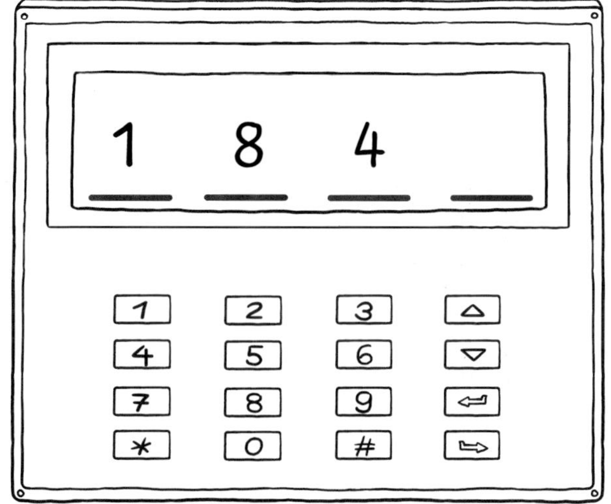

Tipps:

- Die Balken zeigen euch die Anzahl der Haustiere an.
- Notiert euch die Anzahl direkt über den Balken.

Zwischenergebnis:

	richtig	falsch
Hunde sind die beliebtesten Haustiere in der Klasse.	✗	
Katzen sind beliebter als Hamster.	✗	
Ein Kind hat Mäuse als Haustiere.		✗
Es werden in der Klasse mehr Hundeknochen als Hamsterräder gebraucht.	✗	
Gleich viele Kinder haben Katzen und Kaninchen als Haustiere.	✗	
In der Klasse werden mehr Vogelkäfige als Aquarien gebraucht.		✗

Lösungszahl: 4. Sie ergibt sich aus der Anzahl der richtigen Aussagen.

Satzglieder

Hinweise und Geschichte

Benötigte Materialien:

- Stoppuhr
- Geschichte zum Vorlesen
- Rätselmaterialien in der Anzahl der Gruppen
- Umschläge

Vorbereitung:

- Rätsel in der Anzahl der Teams kopieren und an den Trennlinien auseinanderschneiden
- in der Klasse die Informationen für die Spielteams aufhängen und zu Beginn noch einmal darauf hinweisen
- nach Wunsch als Belohnung eine weiterführende Aufgabe aus der Unterrichtseinheit vergeben oder eine kleine Bastelarbeit in Form eines Aliens aus Wolle ausgeben und dafür Wolle, Wackelaugen, Pfeifenputzer und Pappe bereitlegen

Durchführung:

- Gruppen mithilfe der Karten einteilen
- Geschichte vorlesen
- jedem Team die Rätselmaterialien in einem Umschlag überreichen
- die Zeit starten

Geschichte zum Vorlesen

Während der Freiarbeit arbeitet eine Gruppe von euch am Computer und forscht zu Sternen und Planeten. Da öffnet sich auf dem Bildschirm plötzlich mit einem lauten *Pling* das E-Mail-Programm und ihr entdeckt eine ungelesene E-Mail. Neugierig öffnet ihr sie und beginnt zu lesen:

Liebe Kinder,

mein Name ist Liara. Ich lebe auf einem Planeten in der Galaxie. Wir beobachten euch zweibeinigen Wesen schon eine ganze Weile. Vieles haben wir mittlerweile verstanden, zum Beispiel warum manche alte Menschen am Kopf barfuß sind. Gerade lernen wir die Satzglieder. Wir sollen als Hausaufgabe verschiedene Rätsel lösen. Mit den Lösungsbuchstaben kann eine Belohnungskiste geöffnet werden. Das letzte Rätsel verstehe ich nicht und in 15 Minuten beginnt schon der Unterricht bei Herrn Orbit. Könnt ihr mir helfen?

Astronomische Grüße

Liara

Ende der Geschichte

Schnell drückt ihr das *N* auf der Tastatur und klickt danach auf *E-Mail senden*. Das gibt es doch nicht – ihr bekommt sofort eine Antwort: „Ihr seid die Besten, vielen Dank! Die Kiste ist geöffnet und ich muss mich nicht blamieren. Schaut doch mal bei mir vorbei, falls es euch in die Nähe meines Planeten verschlägt. Dann backe ich einen Dunkle-Materie-Kuchen mit gerösteten Asteroiden!"

SATZGLIEDER

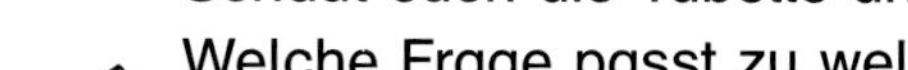

Lest den Text.
Schaut euch die Tabelle an.
Welche Frage passt zu welchem Satzglied?
Malt die richtigen Felder an.
Der Lösungsbuchstabe für die E-Mail:

Die Bausteine eines Satzes nennt man Satzglieder. Satzglieder können aus einem oder mehreren Wörtern bestehen.
Sätze können sehr kurz sein. Damit ein Satz funktioniert und er Sinn macht, werden zwei Teile benötigt: Subjekt (Wer oder was tut etwas?) und Prädikat (Was tut das Subjekt?).
Dann tritt das Objekt zum Satz dazu. Es ergänzt etwas zur Handlung. Dies kann zum Beispiel ein Akkusativobjekt (Wen oder was?), ein Dativobjekt (Wem?) oder ein Genitivobjekt (Wessen?) sein.
Adverbiale Bestimmungen sind Satzglieder, die das Geschehen genauer erläutern. Es gibt vier Arten von Adverbiale: der Zeit (Wann? Wie oft? wie lange?), des Ortes (Wo? Wohin? Woher?), der Art und Weise (Wie? Womit?) sowie des Grundes (Wieso? Weshalb? Warum? Wozu?).

Satzglieder

RÄTSEL

	Wer oder was?	Was tut das Subjekt?	Wem?	Wen oder was?	Wann? Wie oft? Wie lange?	Wo? Wohin? Woher?
Subjekt						
Prädikat						
Dativobjekt (3. Fall)						
Akkusativobjekt (4. Fall)						
Zeitangabe (Temporaladverbiale)						
Ortsangabe (Lokaladverbiale)						

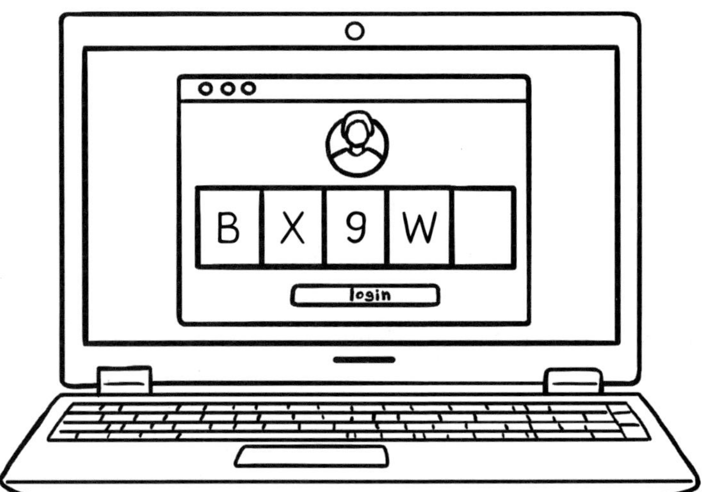

Satzglieder

Tipps und Lösung

Tipps:
- Wer oder was ist das Subjekt?
- Was tut das Prädikat?

Zwischenergebnis:

	Wer oder was?	Was tut das Subjekt?	Wem?	Wen oder was?	Wann? Wie oft? Wie lange?	Wo? Wohin? Woher?
Subjekt						
Prädikat						
Dativobjekt (3. Fall)						
Akkusativobjekt (4. Fall)						
Zeitangabe (Temporaladverbiale)						
Ortsangabe (Lokaladverbiale)						

Lösungsbuchstabe: N. Er ergibt sich aus den angemalten Feldern der Tabelle.

Belohnung

Bastle dir einen Alien aus Wolle!
Du brauchst:
- Stück Pappe (10 × 5 cm)
- Wolle
- 2 Pfeifenputzer
- Wackelaugen
- Schere
- Bastelkleber

So geht es:

1\. Nimm dir ein Stück Pappe und wickle mehrere Lagen Wolle herum.
2\. Schneide den unteren Bereich auf.
3\. Fasse mit einem Pfeifenputzer das Wollbüschel in der Mitte zusammen. Zwirble ihn dafür zusammen.
3\. Teile mit einem zweiten Pfeifenputzer den Kopf ab.
5\. Gestalte den Kopf mit Wackelaugen.

Tipp: Den Pfeifenputzer kannst du als Antennen gestalten.

FREMDWÖRTER

HINWEISE UND GESCHICHTE

Benötigte Materialien:
- Stoppuhr
- Geschichte zum Vorlesen
- Rätselmaterialien in der Anzahl der Gruppen
- Umschläge

Vorbereitung:
- Rätsel in der Anzahl der Teams kopieren und an den Trennlinien auseinanderschneiden
- Puzzleteile für die Gruppen ausschneiden
- in der Klasse die Informationen für die Spielteams aufhängen und zu Beginn noch einmal darauf hinweisen
- nach Wunsch als Belohnung einen Gutschein vorbereiten oder eine weiterführende Aufgabe aus der Unterrichtseinheit vergeben

Durchführung:
- Gruppen mithilfe der Karten einteilen
- Geschichte vorlesen
- jedem Team die Rätselmaterialien in einem Umschlag überreichen
- die Zeit starten

GESCHICHTE ZUM VORLESEN

Eine Gruppe von euch soll ein Referat über das Thema *Fremdwörter* halten. Ihr trefft euch dazu am Nachmittag in der Bücherei. Die Dame am Empfang schickt euch einmal durch die große Halle zum letzten Bücherregal an der Wand und weist euch darauf hin, dass die Bücherei in 30 Minuten schließt. Ihr sucht die Buchrücken ab und werdet schnell fündig: Das Fremdwörterlexikon sieht aber alt aus … Vorsichtig zieht ihr es heraus und lasst es vor Schreck fast auf den Boden fallen, als sich auf dem Umschlag zwei Augen öffnen und ein Mund in einem langen Monolog zu meckern beginnt: „Hey, was soll das denn? Wie unverschämt, mich aus dem Schlaf zu reißen! Die Jugend heutzutage hat keine Manieren. Und das Wort Manieren kennen sie natürlich gar nicht. Und jetzt wollen sie wahrscheinlich auch noch dreisterweise in mir lesen? Pah! Gut, dass ich durch ein Vorhängeschloss gesichert bin. Die letzte Gruppe, die hier war, war allerdings ziemlich gut – das muss ich ihnen lassen. Vier Ziffern sind bereits richtig eingestellt. Aber das Rätsel für die fünfte Zahl ist auch das schwerste. Und wie gut, dass die Kinder hier gar nicht wissen, wo das Rätsel versteckt ist. Den Umschlag in dem Bedeutungswörterbuch nebenan finden sie eh nicht."
Ihr schmunzelt und holt schnell das Buch. Ihr müsst euch beeilen – in 15 Minuten schließt die Bücherei.

ENDE DER GESCHICHTE

Ihr stellt die letzte Zahl im Vorhängeschloss ein und mit einem *Klick* öffnet sich der Verschluss. Das Lexikon, der alte Miesepeter, grummelt noch etwas vor sich hin, aber ihr seid schon längst im Buch vertieft und hört gar nicht mehr zu …

FREMDWÖRTER

Schaut euch die Puzzleteile an.
Legt das Puzzle richtig zusammen. Beginnt mit dem Puzzleteil auf dem *Accessoire* steht.
Die Karten müssen zu einem 3 × 3-Feld zusammengelegt werden.
Das Puzzle verrät euch die Lösungsziffer für den Türcode:

☐

RÄTSEL

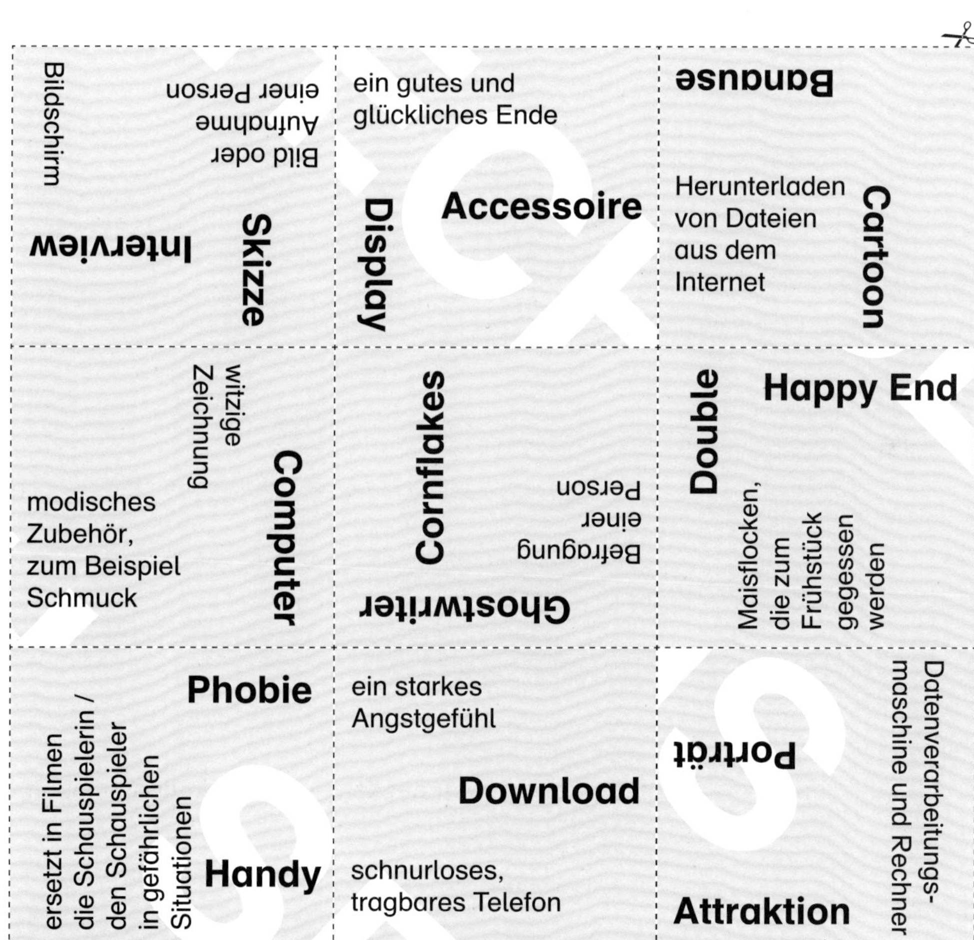

Tipps:
- Welche Bedeutung haben die Fremdwörter?
- Es gibt nicht zu allen Fremdwörtern eine passende Erklärung.

Zwischenergebnis:

Phobie ersetzt in Filmen die Schauspielerin / den Schauspieler in gefährlichen Situationen **Handy**	ein starkes Angstgefühl **Download** schnurloses, tragbares Telefon	**Banause** Herunterladen von Dateien aus dem Internet **Cartoon**
Double **Happy End** Maisflocken, die zum Frühstück gegessen werden	ein gutes und glückliches Ende **Display** **Accessoire**	witzige Zeichnung **Computer** modisches Zubehör, zum Beispiel Schmuck
Cornflakes Befragung einer Person **Ghostwriter**	Bildschirm Bild oder Aufnahme einer Person **Interview** **Skizze**	**Porträt** Datenverarbeitungsmaschine und Rechner **Attraktion**

Lösungszahl: 6. Sie ergibt sich aus den Buchstaben SECHS in der Mitte des Puzzles.

Adjektive

HINWEISE UND GESCHICHTE

Benötigte Materialien:
- Stoppuhr
- Geschichte zum Vorlesen
- Rätselmaterialien in der Anzahl der Gruppen
- Umschläge

Vorbereitung:
- Rätsel in der Anzahl der Teams kopieren und an den Trennlinien auseinanderschneiden
- in der Klasse die Informationen für die Spielteams aufhängen und zu Beginn noch einmal darauf hinweisen
- nach Wunsch als Belohnung einen Gutschein vorbereiten oder eine weiterführende Aufgabe aus der Unterrichtseinheit vergeben
- ggf. die Ausweise für Superdetektivinnen und -detektive vorbereiten und am Ende des Escape-Rooms verteilen

Durchführung:
- Gruppen mithilfe der Karten einteilen
- Geschichte vorlesen
- jedem Team die Rätselmaterialien in einem Umschlag überreichen
- die Zeit starten

GESCHICHTE ZUM VORLESEN

Auf dem Weg zur Schule habt ihr an einem heruntergekommenen Haus ein neues Schild entdeckt: Detektivbüro Hector Havers. Darunter befindet sich ein Zettel: „Wir suchen Nachwuchsdetektivinnen und -detektive und freuen uns auf eure Bewerbung." Wie aufregend! Ihr wolltet schon immer mal echte Detektivinnen und Detektive kennenlernen. Nach dem Unterricht schaut ihr deshalb wieder am Haus vorbei. Ihr klopft, aber es öffnet euch niemand. Da bemerkt ihr, dass die Tür nur angelehnt ist. Da ist eure Neugierde geweckt und ihr schlüpft durch die Tür in die Detektei. Puh, hier ist es aber staubig und dunkel. In der Mitte des Raums steht ein uralter Schreibtisch. Vorsichtig tretet ihr näher. Auf dem Tisch findet ihr eine Truhe, die mit einem Vorhängeschloss verschlossen ist. Auf dem Holzdeckel liegt ein Briefumschlag. Darauf ist notiert: „Hallo Spürnasen! Ihr wollt wissen, was in der Truhe ist? Dafür müsst ihr Adjektive unter die Lupe nehmen. Hinweise befinden sich im Briefumschlag. Die ersten beiden Ziffern sind bereits eingestellt, die anderen drei müssen enträtselt werden. Legt los – ich gebe euch 15 Minuten Zeit!" Das lasst ihr euch nicht zweimal sagen und holt den Inhalt des Briefumschlags heraus.

ENDE DER GESCHICHTE

Ihr stellt die Zahlen 1, 8, 9 im Vorhängeschloss ein und öffnet den Bügel. Nun könnt ihr einen Blick in die Truhe werfen. Darin befindet sich ein Zettel: Glückwunsch, ihr habt euch als echte Detektivinnen/ Detektive erwiesen! Kommt morgen Nachmittag zu mir, ich habe einen ersten Fall für euch!

Adjektive

Schaut euch die Wörter an.
Handelt es sich um Adjektive?
Nehmt euch ein extra Blatt und überprüft die Wörter.
Schlüssel, auf denen keine Adjektive stehen, zeigen euch die Lösungsziffern.
Sortiert sie von klein nach groß:

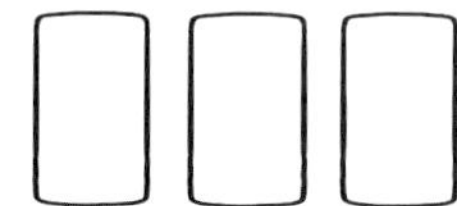

RÄTSEL

So kann man Adjektive erkennen:

Adjektive schreibt man klein.

Adjektive sagen uns, wie etwas ist, zum Beispiel der rote Apfel.

Adjektive können Gegensätze ausdrücken, zum Beispiel *klein – groß*

Adjektive kann man steigern, zum Beispiel *schnell – schneller – am schnellsten.*

ADJEKTIVE

RÄTSEL

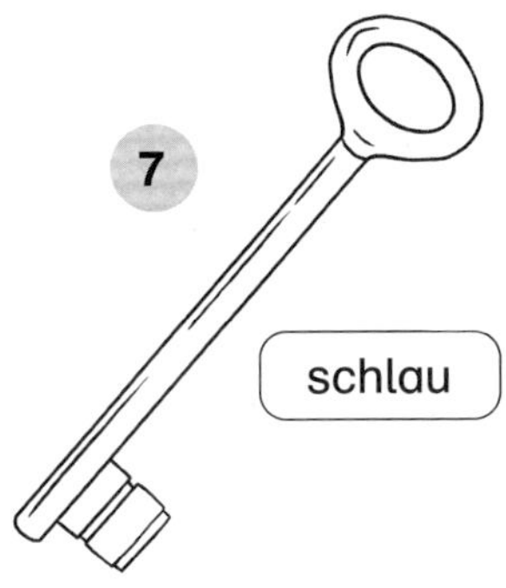

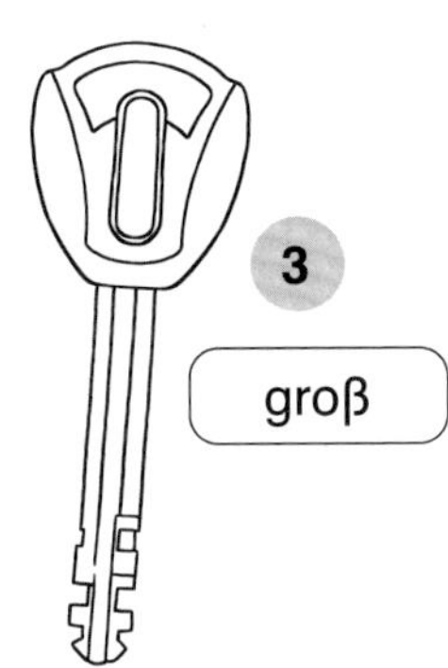

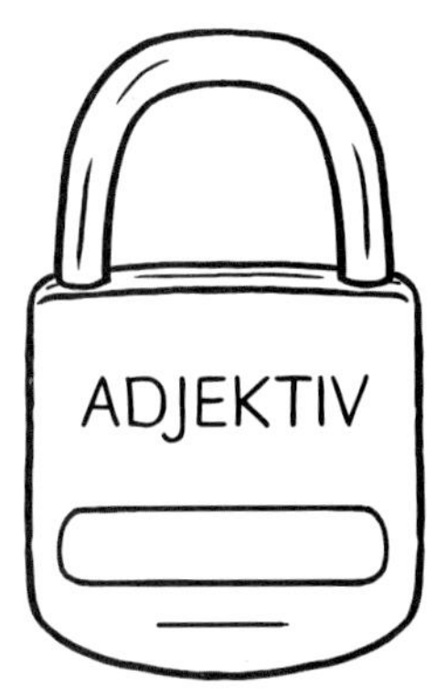

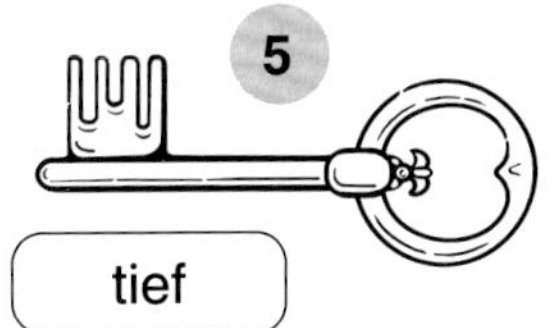

ZAHLENSCHLOSS

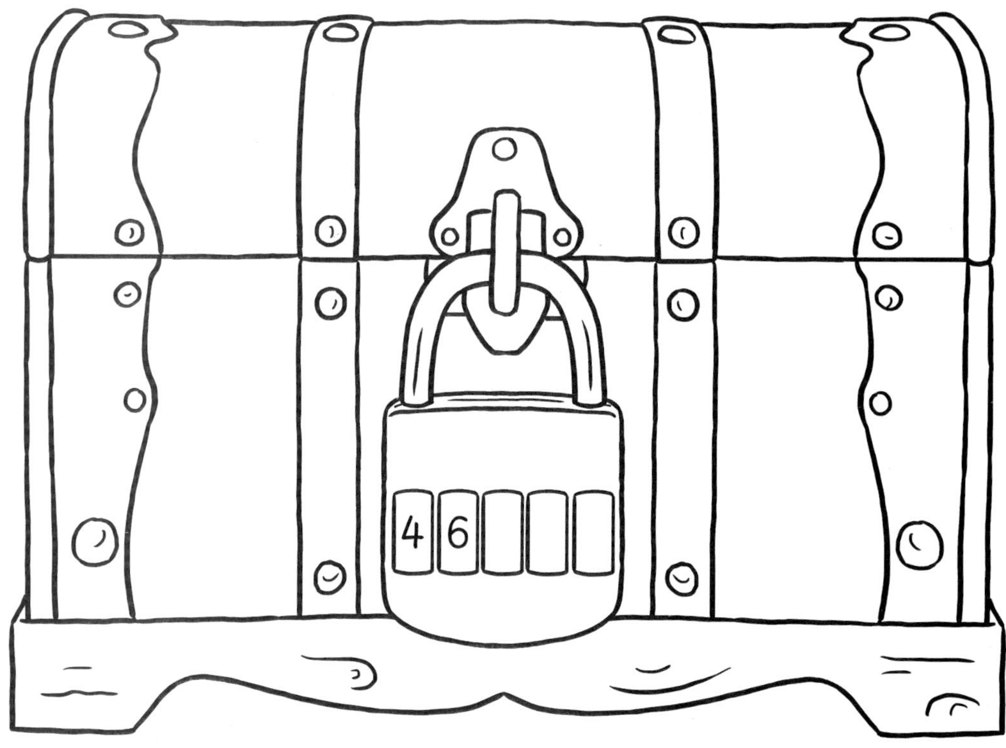

TIPPS UND LÖSUNG

Tipps:

- Überprüft, ob die Wörter gesteigert werden können.

Zwischenergebnis:

groß – größer – am größten

kalt – kälter – am kältesten

traurig – trauriger – am traurigsten

8 laufen

tief – tiefer – am tiefsten

schlau – schlauer – am schlausten

1 klettern

9 singen

Lösungszahlen: 1, 8, 9. Das sind die Zahlen der Verben, von klein nach groß sortiert.

Die vier Fälle

Hinweise und Geschichte

Benötigte Materialien:
- Stoppuhr
- Geschichte zum Vorlesen
- Rätselmaterialien in der Anzahl der Gruppen
- Umschläge

Vorbereitung:
- Rätsel in der Anzahl der Teams kopieren und an den Trennlinien auseinanderschneiden
- in der Klasse die Informationen für die Spielteams aufhängen und zu Beginn noch einmal darauf hinweisen
- nach Wunsch als Belohnung einen Gutschein vorbereiten oder eine weiterführende Aufgabe aus der Unterrichtseinheit vergeben

Durchführung:
- Gruppen mithilfe der Karten einteilen
- Geschichte vorlesen
- jedem Team die Rätselmaterialien in einem Umschlag überreichen
- die Zeit starten

Geschichte zum Vorlesen

Ihr seid mit eurer Klasse auf einem Ausflug im Wald. Eine Gruppe von euch entfernt sich vom Rest der Klasse und will die Gegend allein erkunden. Eure Klassenlehrerin gibt euch noch den Hinweis, dass in 30 Minuten der Bus zurück zur Schule fährt und ihr euch nicht zu weit entfernen sollt. Ihr hört aber nur halb hin und schlendert immer tiefer in den Wald hinein, bis ihr … *Ahhhhhhhhhh*, ihr seid in ein Loch gefallen. Nachdem ihr euch von dem Schreck erholt habt, stellt ihr fest, dass ihr euch in einer Art Bunker befindet. Die Öffnung, durch die ihr gefallen seid, könnt ihr nicht erreichen. Ihr entdeckt eine Tür, die allerdings fest verschlossen ist. Neben der Tür befindet sich ein Ziffernfeld, ein vierstelliger Code würde euch herausbringen. Aber wie sollt ihr die Zahlen herausfinden? Da entdeckt ihr eine Schrift an der Wand: „Für den Fall der Fälle: Der Zahlencode lautet 298." Oh nein! Die letzte Zahl fehlt. So viel Pech kann man doch gar nicht haben! Jetzt bleibt euch nur noch, laut um Hilfe zu rufen. Doch dann entdeckt einer von euch einen Briefumschlag auf dem Boden. Was der wohl zu bedeuten hat? Schnell öffnet ihr ihn …
Jetzt müsst ihr euch beeilen, in 15 Minuten fährt der Bus los.

Ende der Geschichte

Ungeduldig und mit klopfenden Herzen gebt ihr die Zahlenkombination ein. Nachdem ihr die Vier getippt habt, öffnet sich die schwere Tür mit einem dumpfen *Klick*. Ihr seid erleichtert und macht euch schnell auf den Weg ins Freie. Genug Abenteuer für heute.

DIE VIER FÄLLE

Lest den Text.
Unterstreicht die W-Fragen.
Legt die Schablone richtig auf den Text.
Die Wörter verraten euch die Lösungsziffer für den Türcode:

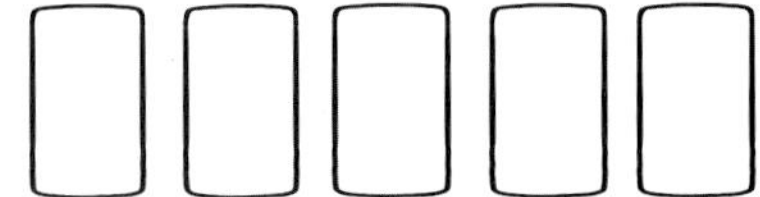

Es wurde nach einer Erklärung der vier Fälle gesucht. Hier ist sie:

Die vier Fälle heißen Nominativ, Genitiv, Dativ und Akkusativ. Bei ihnen dreht sich alles darum, wie sich das Nomen zu den anderen Elementen des Satzes verhält. Das bedeutet, dass Nomen, Artikel und Pronomen angepasst werden.

Die vier Fälle kannst du durch W-Fragen ermitteln.
Der erste der vier Fälle ist der Nominativ. Er spielt eine wichtige Rolle. Die Frage nach dem Nominativ ist: *Wer oder was tut etwas?* Ein Beispiel: Opa holt den Apfelkuchen. Wer oder was holt den Apfelkuchen? – Opa.

Der zweite Fall ist der Genitiv. Den Genitiv kannst du mithilfe des Frageworts *Wessen?* ermitteln. Ein Beispiel: Mamas Schüssel ist kaputt gegangen. Wessen Schüssel ist kaputt gegangen? – Mamas.

Der dritte Fall ist der Dativ. Nach dem Wem-Fall kannst du mit *Wem oder was?* fragen. Ein Beispiel: Leni gibt ihrem Bruder einen Kuss. Wem gibt Leni einen Kuss? – Ihrem Bruder.

Der vierte und letzte Fall ist der Akkusativ. Nach ihm wird mit *Wen oder was?* gefragt – er wird Wen-Fall genannt. Ein Beispiel: Der Hund sucht seinen Knochen. Wen oder was sucht der Hund? – Seinen Knochen.

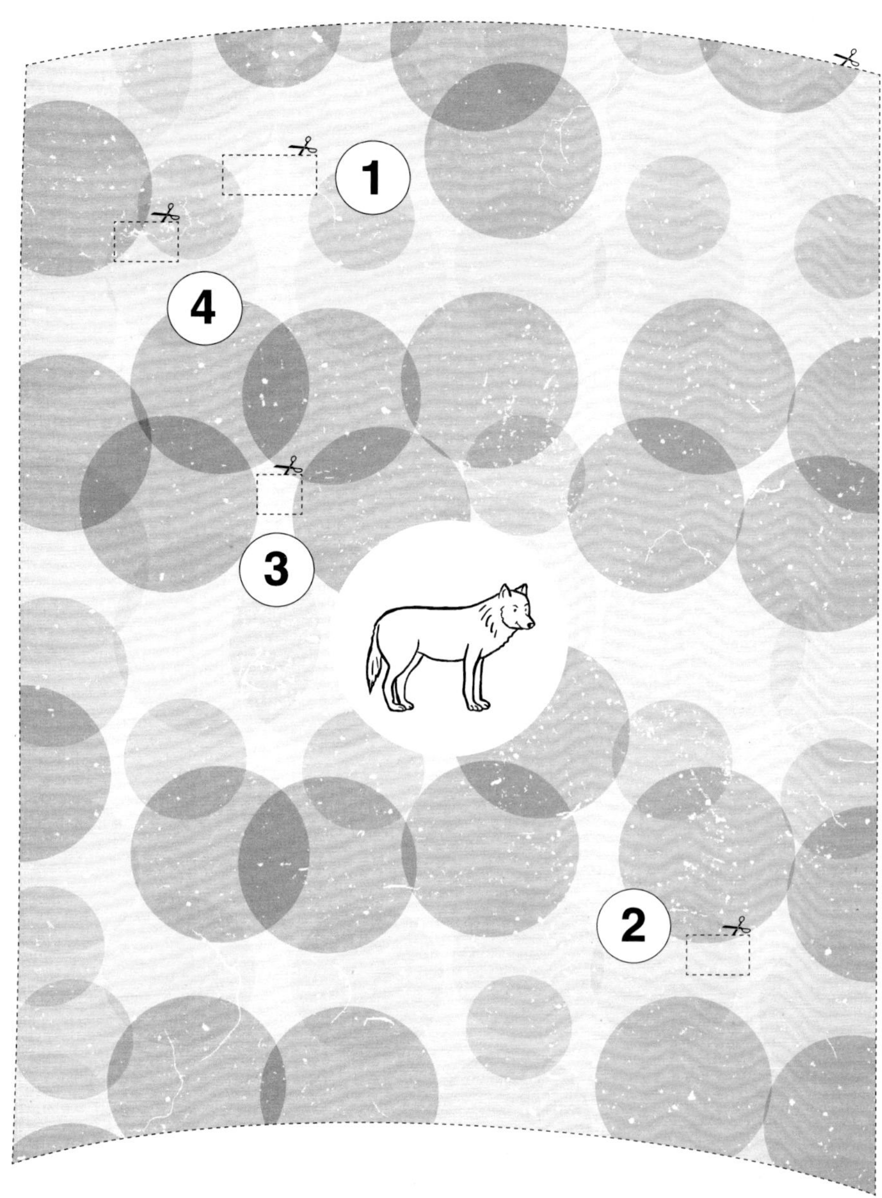
1
4
3
2

DIE VIER FÄLLE

Tipps:

- Wenn ihr die Schablone richtig auf den Text legt, werden Wörter sichtbar.
- Die Wörter ergeben einen Hinweis auf die gesuchte Zahl.

Zwischenergebnis:

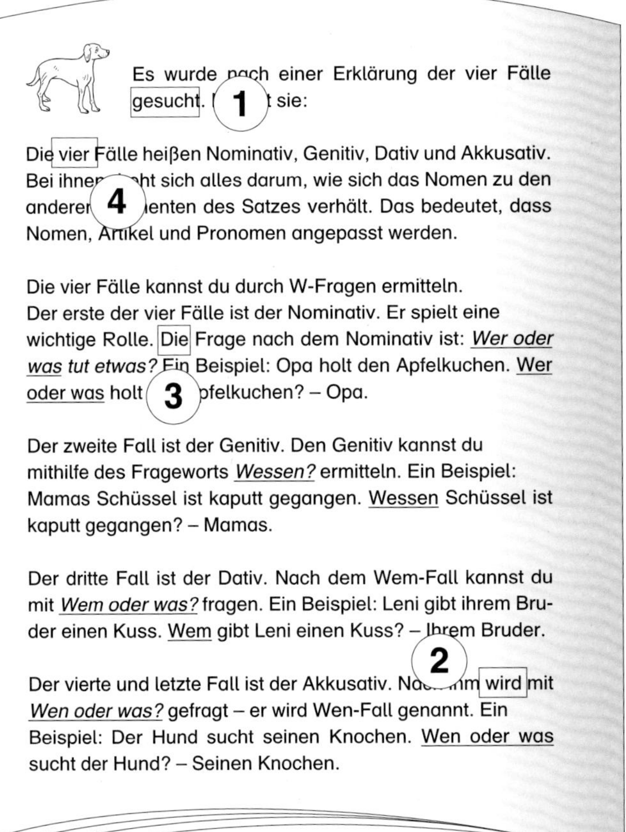

Es wurde nach einer Erklärung der vier Fälle gesucht. (1) t sie:

Die vier Fälle heißen Nominativ, Genitiv, Dativ und Akkusativ. Bei ihnen ... ht sich alles darum, wie sich das Nomen zu den andere (4) ienten des Satzes verhält. Das bedeutet, dass Nomen, Artikel und Pronomen angepasst werden.

Die vier Fälle kannst du durch W-Fragen ermitteln.
Der erste der vier Fälle ist der Nominativ. Er spielt eine wichtige Rolle. Die Frage nach dem Nominativ ist: *Wer oder was tut etwas?* Ein Beispiel: Opa holt den Apfelkuchen. Wer oder was holt (3) pfelkuchen? – Opa.

Der zweite Fall ist der Genitiv. Den Genitiv kannst du mithilfe des Frageworts *Wessen?* ermitteln. Ein Beispiel: Mamas Schüssel ist kaputt gegangen. Wessen Schüssel ist kaputt gegangen? – Mamas.

Der dritte Fall ist der Dativ. Nach dem Wem-Fall kannst du mit *Wem oder was?* fragen. Ein Beispiel: Leni gibt ihrem Bruder einen Kuss. Wem gibt Leni einen Kuss? – Ihrem Bruder.

(2)

Der vierte und letzte Fall ist der Akkusativ. Na... ihm wird mit *Wen oder was?* gefragt – er wird Wen-Fall genannt. Ein Beispiel: Der Hund sucht seinen Knochen. Wen oder was sucht der Hund? – Seinen Knochen.

Lösungszahl: 4. Sie ergibt sich aus dem Hinweis der Schablone: „gesucht wird die vier".

Verben in verschiedenen Zeitformen

Hinweise und Geschichte

Benötigte Materialien:
- Stoppuhr
- Geschichte zum Vorlesen
- Rätselmaterialien in der Anzahl der Gruppen
- Umschläge

Vorbereitung:
- Rätsel in der Anzahl der Teams kopieren und an den Trennlinien auseinanderschneiden
- in der Klasse die Informationen für die Spielteams aufhängen und zu Beginn noch einmal darauf hinweisen
- nach Wunsch als Belohnung einen Gutschein vorbereiten oder eine weiterführende Aufgabe aus der Unterrichtseinheit vergeben

Durchführung:
- Gruppen mithilfe der Karten einteilen
- Geschichte vorlesen
- jedem Team die Rätselmaterialien in einem Umschlag überreichen
- die Zeit starten

Geschichte zum Vorlesen

Mit allen Klassen eurer Grundschule seid ihr heute unterwegs zu einer Zirkusvorstellung. Ihr habt euch schon wochenlang auf diesen Ausflug gefreut und fiebert den akrobatischen Kunststücken entgegen. Der Bus hat euch kurz vor dem Beginn der Vorstellung hinter dem Zirkuszelt herausgelassen. Eine Gruppe von euch beginnt direkt damit, das Gelände zu erforschen. Ihr entdeckt einen alten Zirkuswagen, bei dem die Fenster zugenagelt sind. Was sich darin wohl befindet? Vorsichtig ruckelt ihr an der Tür – sie lässt sich tatsächlich öffnen. Aus dem Inneren kommt euch ein muffiger Geruch entgegen. Vorsichtig betretet ihr den Wagen. Mit einem lauten *Rumms* fällt die Tür hinter euch ins Schloss. Alle Mühe ist vergebens, die Tür bleibt verschlossen. Ihr beginnt zu schreien, aber alles Rufen bringt nichts, die anderen Klassen befinden sich schon im Zirkuszelt. Durch ein paar Bretterritzen fällt Licht und ihr entdeckt ein Ziffernfeld neben der Tür. Drei Ziffern sind bereits eingegeben, die vierte fehlt. Unter dem Ziffernfeld steckt ein Briefumschlag. Ob ihr darin Hinweise auf die fehlende Ziffer findet? Ihr müsst euch beeilen, in 15 Minuten beginnt die Vorstellung.

Ende der Geschichte

Mit zittrigen Händen tippt ihr die Zahlenkombination ein. Nachdem ihr die Null getippt hat, öffnet sich die Tür mit einem *Klick*. Jetzt aber schnell zur Tribüne, gerade begrüßt der Zirkusdirektor das Publikum.

Verben in verschiedenen Zeitformen

Verben sagen uns, in welcher Zeitform der Text geschrieben ist.
Stehen die Verben in Präsens, Präteritum, Perfekt oder Futur?
Zeichnet den richtigen Weg ein.
Die Lösungsziffer für den Türcode:

☐

RÄTSEL

Start zauberte	**Präteritum** besuche	**Präsens** habe jongliert	**Präteritum** werde fliegen
Perfekt warf	**Futur** jonglierte	**Perfekt** werde werfen	**Präsens** werde besuchen
Präteritum werde klatschen	**Präteritum** habe gezaubert	**Futur** sprang	**Futur** fliegen
Futur warf	**Perfekt** werde springen	**Präteritum** klatsche	**Präsens** bin geflogen
Präsens **5**	**Futur** **7**	**Präteritum** **4**	**Perfekt** **0**

Verben in verschiedenen Zeitformen

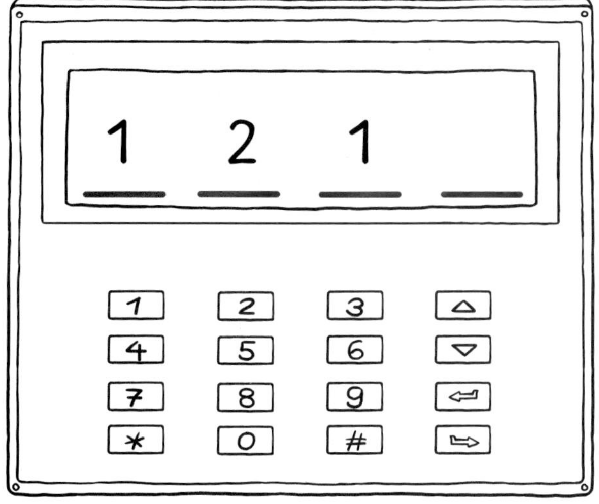

TIPPS UND LÖSUNG

Tipps:

- Präteritum = Vergangenheit
  Zum Beispiel: Ich schlief gestern acht Stunden.
- Präsens = Gegenwart
  Zum Beispiel: Das Essen steht auf dem Tisch.

Zwischenergebnis:

zauberte = Präteritum
besuche = Präsens
habe jongliert = Perfekt
werde werfen = Futur
sprang = Präteritum
klatsche = Präsens
bin geflogen = Perfekt

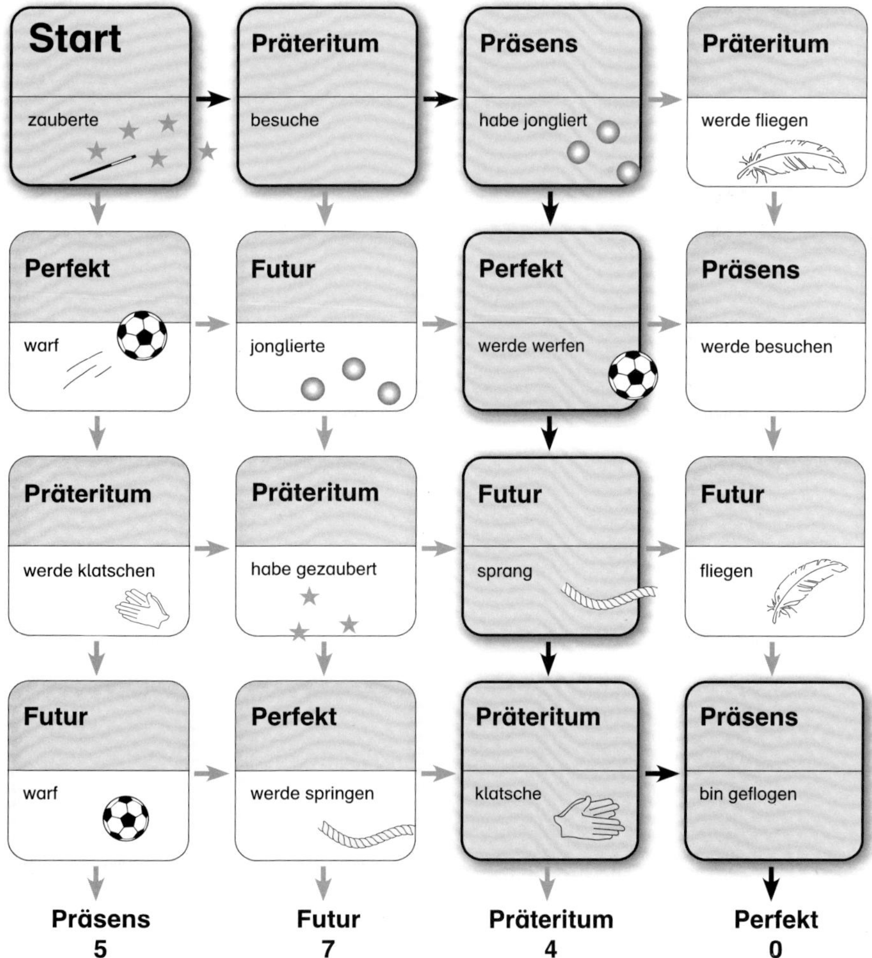

Lösungszahl: 0. Sie ergibt sich aus dem richtigen Weg im Quiz.

Satzzeichen

Hinweise und Geschichte

Benötigte Materialien:
- Stoppuhr
- Geschichte zum Vorlesen
- Rätselmaterialien in der Anzahl der Gruppen
- Umschläge

Vorbereitung:
- Rätsel in der Anzahl der Teams kopieren und an den Trennlinien auseinanderschneiden
- in der Klasse die Informationen für die Spielteams aufhängen und zu Beginn noch einmal darauf hinweisen
- nach Wunsch als Belohnung einen Gutschein vorbereiten oder eine weiterführende Aufgabe aus der Unterrichtseinheit vergeben

Durchführung:
- Gruppen mithilfe der Karten einteilen
- Geschichte vorlesen
- jedem Team die Rätselmaterialien in einem Umschlag überreichen
- die Zeit starten

Geschichte zum Vorlesen

Heute seid ihr mit eurer Klasse in einem spannenden Raumfahrtforscherhaus. In den letzten Wochen habt ihr viel zum Thema Weltall gelernt und freut euch nun auf die Ausstellung. Ihr streift durch die Räume und dürft einen Kinderraumanzug anziehen, einen Asteroiden aus der Nähe betrachten, eine Marsmission entdecken und Experimente durchführen. Kurz bevor es wieder zurück zur Schule gehen soll, gelangt ihr in einen Raum, in dem eine nachgebaute Raumkapsel ausgestellt ist. Wie spannend – ob sie schon einmal mit einer Rakete im All war? Ihr betretet die Kapsel. Einer von euch schließt die Tür. Ui, ist das eng hier – viel zu eng … Schnell wollt ihr die Kapsel wieder verlassen, aber ihr stellt fest, dass die Tür verschlossen ist. Ihr schaut euch um und entdeckt, dass der Bildschirm des Bordcomputers angeschaltet ist. Ihr tretet an den Bildschirm und entdeckt einen Klebezettel, der auf einem Briefumschlag neben der Tastatur liegt: „Astronautinnen und Astronauten müssen Fragen stellen, Aufforderungen ausführen und Aussagen treffen. Das bringt euch zu den fehlenden Passwortzahlen. Mit diesen könnt ihr die Tür öffnen. Drei sind schon vorgegeben.“ Ihr nehmt euch den Briefumschlag – nun aber schnell, in 15 Minuten geht der Bus zurück zur Schule.

Ende der Geschichte

Freudig tippt ihr die fehlenden Ziffern ein … Juhu, es hat funktioniert! Die Eingabemaske verschwindet und ihr habt Zugriff auf den Computer. Nun könnt ihr mit einem *Klick* die Raumkapsel öffnen. Schnell eilt ihr zum Rest der Klasse – ihr habt viel zu erzählen!

SATZZEICHEN

● ● ● ● ● ● RÄTSEL ● ● ● ● ● ●

Schaut euch die Zahlen und Kästchen an.
Malt Linien wie angegeben.
Die zwei Lösungsziffern für das Bildschirmpasswort:

● ● ● ● ● ● RÄTSEL ● ● ● ● ● ●

A

1. Es ist ein Fragesatz. = 3 ←
   Es ist ein Aussagesatz. = 3 ↗
2. Es ist ein Aufforderungssatz. = 4 ←
   Es ist ein Aussagesatz. = 4 ↓
3. Es ist ein Fragesatz. = 3 ←
   Es ist ein Aufforderungssatz. = 3 ↓
4. Es ist ein Fragesatz. = 3 →
   Es ist ein Aussagesatz. = 3 ↘
5. Es ist ein Aufforderungssatz. = 3 ←
   Es ist ein Aussagesatz. = 3 ↑
6. Es ist ein Aufforderungssatz. = 3 ←
   Es ist ein Fragesatz. = 3 ↑

B

1. Es ist ein Fragesatz. = 3 ↗
   Es ist ein Aussagesatz. = 3 ↘
2. Es ist ein Aussagesatz. = 7 →
   Es ist ein Aufforderungssatz. = 7 ↓

SATZZEICHEN

Handelt es sich um einen Fragesatz, einen Aufforderungssatz oder einen Aussagesatz?
Hinweis: Die Reihenfolge ist wichtig!

A

1. Willst du heute mit mir spielen
2. Ich gehe heute früh ins Bett
3. Komm bitte hier her
4. Was hast du gestern gegessen
5. Wir gehen gleich in den Zirkus
6. Macht euch bereit

B

1. Hast du schon die Hausaufgaben gemacht
2. Räum bitte dein Zimmer auf

A

B

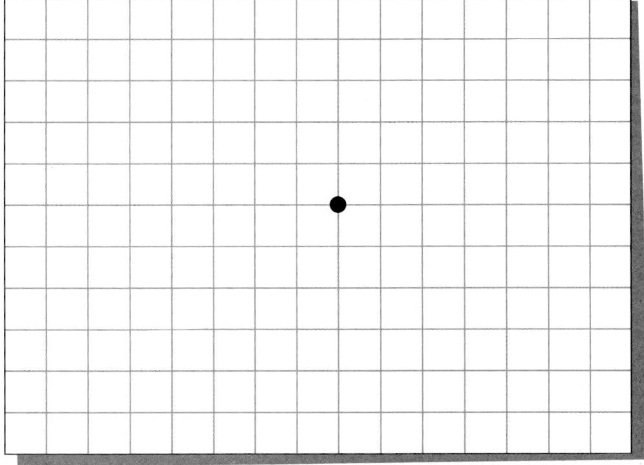

BILDSCHIRM

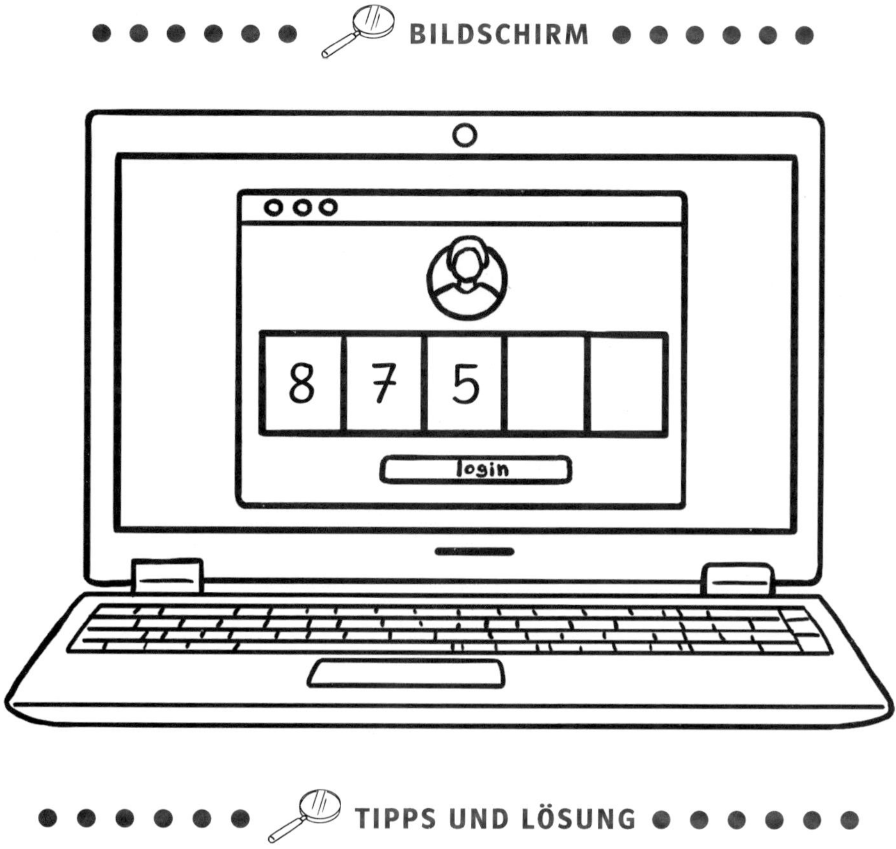

TIPPS UND LÖSUNG

Tipps:

- Die Pfeile zeigen euch, in welche Richtung die Linien gemalt werden sollen.
- Die Zahlen zeigen euch, über wie viele Kästchen die Linien gemalt werden sollen.

Zwischenergebnis:

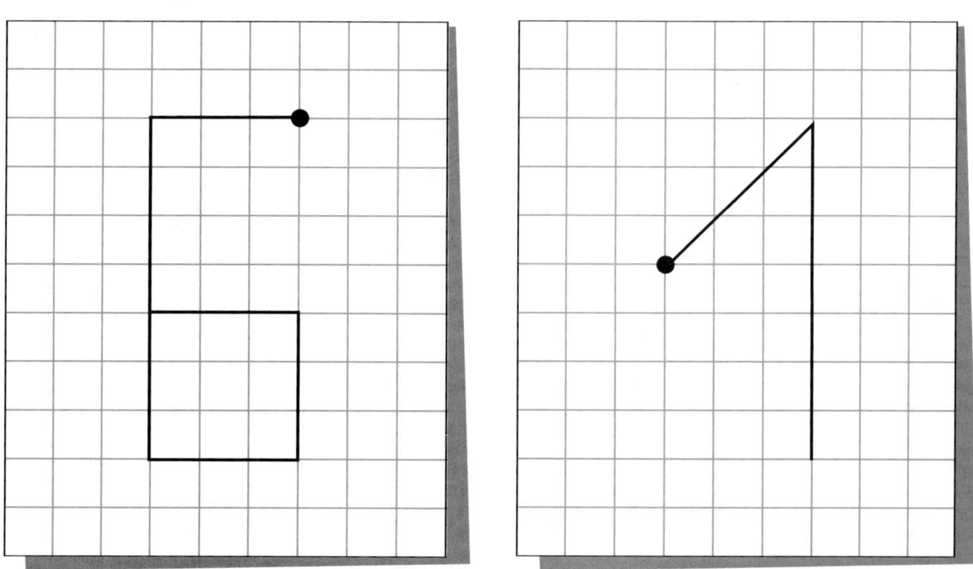

Lösungszahlen: 6 und 1. Sie ergeben sich aus den gemalten Linien.

Wörter mit i oder ie

Hinweise und Geschichte

Benötigte Materialien:
- Stoppuhr
- Geschichte zum Vorlesen
- Rätselmaterialien in der Anzahl der Gruppen
- Umschläge

Vorbereitung:
- Rätsel in der Anzahl der Teams kopieren und an den Trennlinien auseinanderschneiden
- in der Klasse die Informationen für die Spielteams aufhängen und zu Beginn noch einmal darauf hinweisen
- nach Wunsch als Belohnung einen Gutschein vorbereiten oder eine weiterführende Aufgabe aus der Unterrichtseinheit vergeben

Durchführung:
- Gruppen mithilfe der Karten einteilen
- Geschichte vorlesen
- jedem Team die Rätselmaterialien in einem Umschlag überreichen
- die Zeit starten

Geschichte zum Vorlesen

Heute geht es mit der Klasse zu einem Bauernhof mitten in einem Kiefernwald. Eine Waldstraße führt zum Hof. Das letzte Stück müsst ihr zu Fuß gehen, der große Bus kann nicht mehr auf dem schmalen Pfad weiterfahren. Der Busfahrer parkt am Wegrand und ihr schlendert zum Bauernhof. Bald habt ihr ihn erreicht. Hier ist es herrlich ruhig, die Luft fühlt sich ganz frisch an. Auf einer Wiese summen die Bienen, die Frösche quaken im Teich. Ihr könnt Fische beobachten und mit einem Fernglas auch Vögel in den Bäumen. An einem Bach hat sich eine Biberfamilie einen Bau angelegt. Es gibt auch Schweine, Ziegen, Schafe und viele weitere Tiere. In einer Ecke im Pferdestall entdeckt eine Gruppe von euch eine Holztruhe. Sie ist mit einem Vorhängeschloss verschlossen. Wie spannend! Was sich wohl darin befindet? Als ihr die Truhe hochhebt, entdeckt ihr darunter einen Zettel und einen Briefumschlag. Auf dem Zettel stehen vier Zahlen. Komisch, im Schloss müssen doch fünf Zahlen eingestellt werden … Vielleicht findet ihr einen Hinweis im Umschlag. Ihr müsst euch beeilen, in 15 Minuten soll es zurück zum Bus gehen.

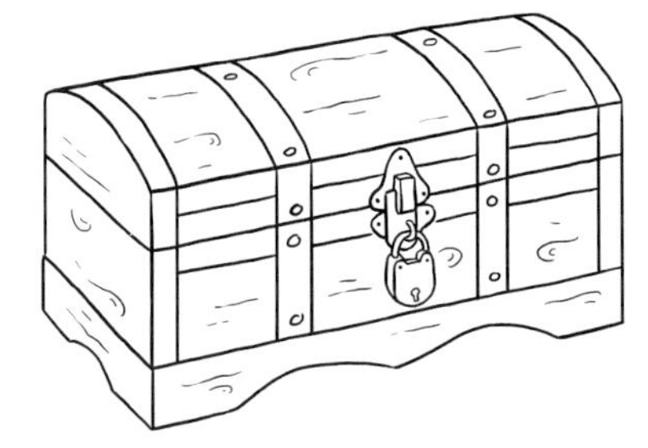

Ende der Geschichte

Ihr stellt die fehlende Zahl am Schloss ein und könnt nun den Bügel öffnen. Vorsichtig klappt ihr den Deckel nach hinten und findet darin … Unterwasserlupen! Wie toll! Ihr überredet eure Lehrerin, dass ihr etwas später zum Bus zurückgeht und ihr mit den Lupen die Tiere im Teich beobachten könnt. Voller Eifer erforscht ihr die Lebewesen im Wasser.

Wörter mit i oder ie

Löst das Rätsel.
Werden die Wörter mit i oder ie geschrieben?
Findet die Wörter im Suchsel. → ↓
Das Suchsel zeigt euch die Lösungsziffer für das Zahlenschloss:

H	L	I	R	U	O	W	K
E	K	G	S	T	I	E	R
Y	A	E	O	W	T	I	Z
G	K	F	A	V	C	R	I
W	W	I	S	E	L	H	E
Q	A	E	K	B	Q	W	G
T	J	D	E	T	A	K	E
H	C	E	P	B	D	V	P
I	F	R	O	I	B	G	I
G	I	B	I	E	N	E	L
J	H	Z	K	B	M	F	Z
S	T	I	R	E	L	I	E
K	J	G	L	R	W	D	W
P	I	E	L	Z	E	E	I
D	O	N	M	Y	S	R	E
B	I	N	E	R	Y	Z	S
Q	P	B	I	B	E	R	E

- Wie werden die Federn eines Vogels genannt?
- Hier wachsen oft Blumen.
- So wird ein männliches Rind genannt.
- Welches Tier sammelt Nektar und produziert Honig?
- Dieses Tier baut Burgen und Dämme. Damit beeinflusst es den Wasserstand.
- Sie sind im Wald zu finden und haben einen leuchtenden, roten Hut mit weißen Tupfen: Die Fliegen …
- Von welchem Tier werden die Laute als meckern bezeichnet?

Wörter mit i oder ie

Zahlenschloss

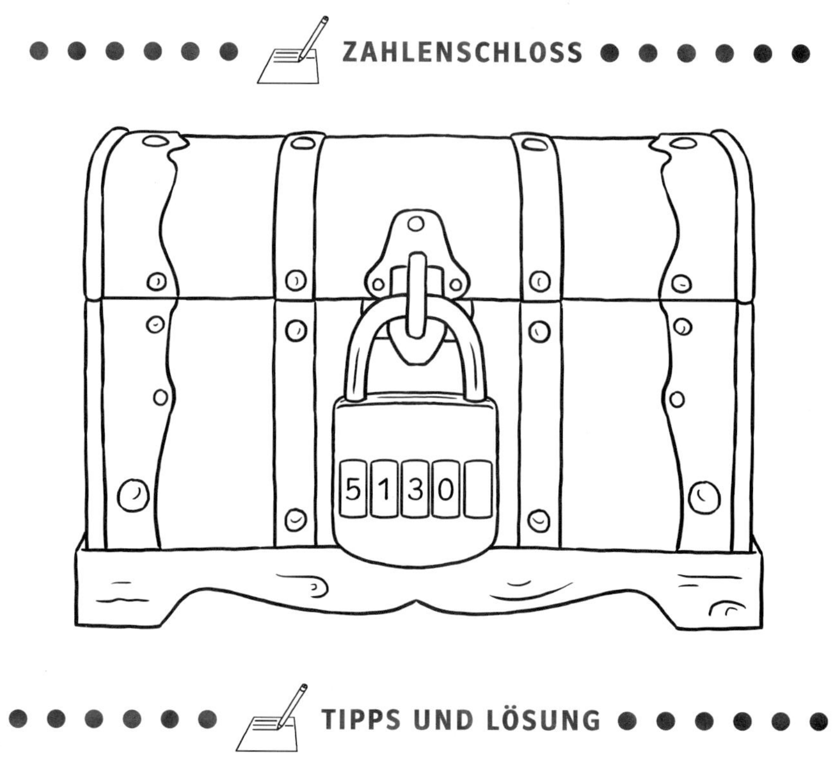

Tipps und Lösung

Tipps:

- Wenn ihr am Ende der ersten Silbe einen Konsonanten hört, wird das Wort mit i geschrieben, zum Beispiel Pilz.
- Wenn ihr am Ende der ersten Silbe ein i hört, wird das Wort meistens mit ie geschrieben, zum Beispiel Wiese.

Zwischenergebnis:

H	L	I	R	U	O	W	K
E	K	**G**	**S**	**T**	**I**	**E**	**R**
Y	A	**E**	O	W	T	I	**Z**
G	K	**F**	A	V	C	R	**I**
W	W	**I**	S	E	L	H	**E**
Q	A	**E**	K	B	Q	W	**G**
T	J	**D**	E	T	A	K	**E**
H	C	**E**	P	B	D	V	**P**
I	F	**R**	O	I	B	G	**I**
G	I	**B**	**I**	**E**	**N**	**E**	**L**
J	H	Z	K	B	M	F	**Z**
S	T	I	R	E	L	I	**E**
K	J	G	L	R	W	D	**W**
P	I	E	L	Z	E	E	**I**
D	O	N	M	Y	S	R	**E**
B	I	N	E	R	Y	Z	**S**
Q	P	**B**	**I**	**B**	**E**	**R**	**E**

Lösungszahl: 9. Sie ergibt sich aus der Anordnung der gefundenen Wörtern.

Grossschreibung

Hinweise und Geschichte

Benötigte Materialien:

- Stoppuhr
- Geschichte zum Vorlesen
- Rätselmaterialien in der Anzahl der Gruppen
- Umschläge

Vorbereitung:

- Rätsel in der Anzahl der Teams kopieren und an den Trennlinien auseinanderschneiden
- in der Klasse die Informationen für die Spielteams aufhängen und zu Beginn noch einmal darauf hinweisen
- nach Wunsch als Belohnung einen Gutschein vorbereiten oder eine kleine Bastelarbeit in Form eines Lenkdrachens ausgeben und dafür farbiges Papier, Krepppapier und Nylonschnüre bereitlegen

Durchführung:

- Gruppen mithilfe der Karten einteilen
- Geschichte vorlesen
- jedem Team die Rätselmaterialien in einem Umschlag überreichen
- die Zeit starten

Geschichte zum Vorlesen

Ihr seid am Nachmittag verabredet und wollt eure selbst gebastelten Drachen steigen lassen. Als Treffpunkt habt ihr euch einen Acker ausgesucht, der direkt am Wald liegt. Hier fegt der Wind besonders gut. Als ihr am Waldrand ankommt, fällt euch sofort der neue Hochsitz auf. Er sieht sehr modern aus und ist durch eine Tür verschlossen. Bevor es mit den Drachen losgehen soll, wollt ihr euch den Sitz erst einmal anschauen. Hoffentlich bleibt danach noch Zeit für die Drachen – in der Ferne ziehen schon Gewitterwolken auf … Ihr seid aber neugierig und steigt die Stufen hinauf. Oben angekommen stellt ihr fest, dass die Tür nur angelehnt ist. Drinnen ist es ganz schön dunkel, es gibt nur ein paar Schlitze zum Hinausschauen. Als ihr euch genug umgesehen habt, wollt ihr wieder hinunter. Da bemerkt ihr, dass die Tür verschlossen ist! Merkwürdig, euch ist gar nicht aufgefallen, dass sie zugefallen ist … Alles Rütteln hat keinen Sinn, sie lässt sich nicht mehr öffnen. Dann entdeckt ihr ein Ziffernfeld neben der Tür. Drei Ziffern sind bereits eingegeben, die vierte fehlt. Unter dem Ziffernfeld steckt ein Briefumschlag. Ob ihr darin Hinweise auf die fehlende Ziffer findet? Ihr müsst euch beeilen, in spätestens 15 Minuten beginnt das Gewitter.

Ende der Geschichte

Mit zittrigen Händen tippt ihr die Zahlenkombination ein. Nachdem ihr die Zwei getippt hat, öffnet sich die Tür einen Spalt weit. Genug, um aus dem Hochsitz zu entkommen. Nun aber schnell nach Hause, für das Drachensteigen ist es sowieso zu spät.

Grossschreibung

Lest den Text.
Alle Wörter sind kleingeschrieben.
Welche Wörter werden großgeschrieben?
Tragt sie richtig geschrieben in die Tabelle ein.
Die Anzahl der Eigennamen in der Tabelle ist die Lösungsziffer für den Türcode:

im herbst bereiten sich tiere und pflanzen auf die kalten wintermonate vor. besonders auffällig sind die bunten blätter an den bäumen, die bunt werden. jetzt wird es schon sehr früh dunkel und es stürmt auch mal kräftig. für leni und max ist der herbst die liebste jahreszeit. dann können sie kastanien sammeln und damit basteln. wenn der wind um die häuser fegt, lassen die beiden ihren drachen steigen.

Satzanfang	Eigennamen	Nomen

GROSSSCHREIBUNG

RÄTSEL

Hinweise:

- Satzanfänge werden immer großgeschrieben.
- Namen und Eigennamen werden großgeschrieben.
- Nomen (Substantiven) werden großgeschrieben.
- Vor Nomen (Substantiven) steht häufig ein Artikel (der, die, das, ein, eine), ein Pronomen (mein, dein, sein/ihr, unser, euer, ihr), ein Adjektiv, oder ein Zahlwort.

TÜRCODE

Grossschreibung

Tipps und Lösung

Tipps:

- Im Text werden 21 Wörter großgeschrieben.

Zwischenergebnis:

Satzanfang	Eigennamen	Nomen
Im	Leni	Herbst
Besonders	Max	Tiere
Jetzt		Pflanzen
Für		Wintermonate
Dann		Blätter
Wenn		Bäumen
		Herbst
		Jahreszeit
		Kastanien
		Wind
		Häuser
		Drachen

Lösungszahl: 2. Sie ergibt sich aus der Anzahl der Eigennamen im Text.

Belohnung

Bastle dir einen eigenen Drachen.
So geht es:

- Nimm dir ein Papier in der Farbe deiner Wahl (DIN A4).
- Falte es nach Anleitung.
- Nimm dir einen Holzspieß und klebe ihn auf die Oberseite deines Drachens, damit er stabiler wird (einmal quer von links nach rechts).
- Nimm dir Krepppapier und schneide dir sechs Streifen zurecht (2 cm breit und 25 cm lang).
- Befestige sie am hinteren Teil deines Drachens.
- Mache ein Loch an der Unterseite (vorne am Kopf) des Drachen.
- Befestige die Schnur am Loch.

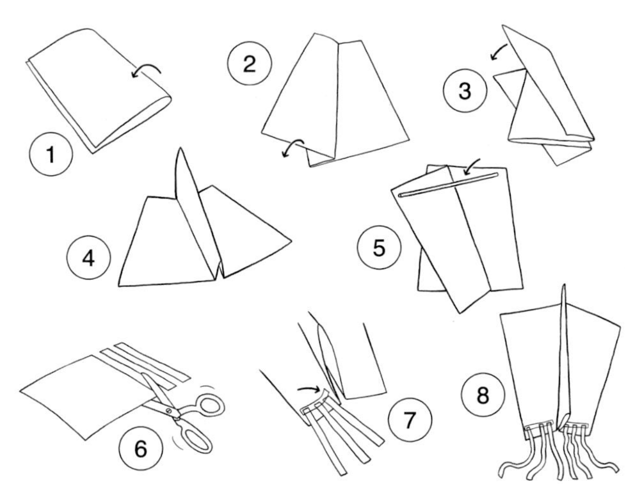

Wörter mit s, ss oder ß

Hinweise und Geschichte

Benötigte Materialien:

- Stoppuhr
- Geschichte zum Vorlesen
- Rätselmaterialien in der Anzahl der Gruppen
- Umschläge

Vorbereitung:

- Rätsel in der Anzahl der Teams kopieren und an den Trennlinien auseinanderschneiden
- in der Klasse die Informationen für die Spielteams aufhängen und zu Beginn noch einmal darauf hinweisen
- nach Wunsch als Belohnung einen Gutschein vorbereiten

Durchführung:

- Gruppen mithilfe der Karten einteilen
- Geschichte vorlesen
- jedem Team die Rätselmaterialien in einem Umschlag überreichen
- die Zeit starten

Geschichte zum Vorlesen

Am Nachmittag trefft ihr euch in einer Gruppe am Schrottplatz. Ihr wollt alte Gegenstände recyceln und euch einen Roboter aus Metallteilen bauen. Dazu habt ihr euch zu Hause bereits eine Skizze gemacht und eine Liste mit Gegenständen, die ihr braucht. Der Besitzer zeigt euch einen Bereich auf dem Platz, auf dem ihr euch aufhalten dürft. Ihr stöbert durch Metall, Erde, Kunststoff und Verpackungen. Ihr habt in Nullkommanichts die meisten Teile gefunden. Euch fehlen nur noch zwei Metallspiralen, sie sollen die Beine des Roboters werden. Plötzlich entdeckt ihr unter einer alten Matratze eine Holzkiste. Sie ist mit einem Vorhängeschloss versperrt. Auf dem Deckel der Kiste befinden sich Buchstaben. Ihr müsst ihn erst einmal von Dreck befreien und lest dann: Wunschkiste. Wie aufregend! Aber wie könnt ihr die Kiste öffnen? Ihr wendet die Kiste und schüttelt sie – plötzlich öffnet sich ein Fach an der Seite und ein Briefumschlag kommt darin zum Vorschein. Ob euch der Inhalt weiterhilft? Auf dem Briefumschlag steht: „Die ersten vier Ziffern sind bereits eingestellt, die fünfte Ziffer muss enträtselt werden." Ihr müsst euch beeilen, in 15 Minuten schließt der Schrottplatz.

Ende der Geschichte

Ihr stellt die Zahl 8 im Vorhängeschloss ein, öffnet den Bügel und klappt den Decken nach hinten. Nun könnt ihr einen Blick in die Truhe werfen. Darin befinden sich – ihr könnt es kaum glauben – zwei Metallspiralen. Wie magisch!

Schaut euch das Plakat an.
Welche Bilder und Überschriften gehören zusammen?
Verbindet sie.
Wo kreuzen sich die Linien?
Die Lösungsziffer für das Zahlenschloss:

Nuß

Fluss

Strauß

4

9

3

Zirkus

Nuss

1

8

Besen

7

Strauss

6

5

Vase

Hase

Fuß

Hasse

Zirkuss

2

Bessen

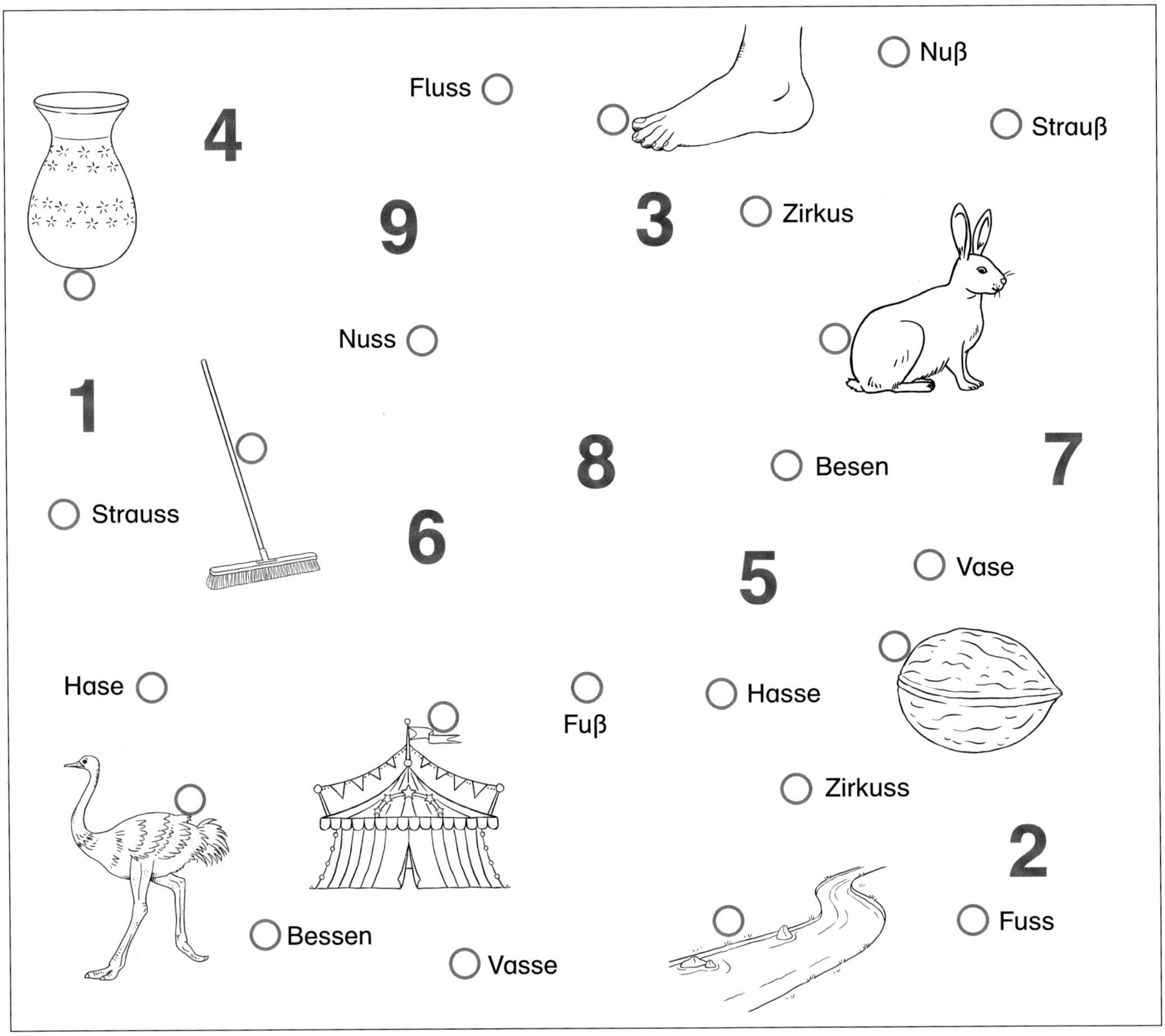

Vasse

Fuss

Wörter mit s, ss oder ß

Zahlenschloss

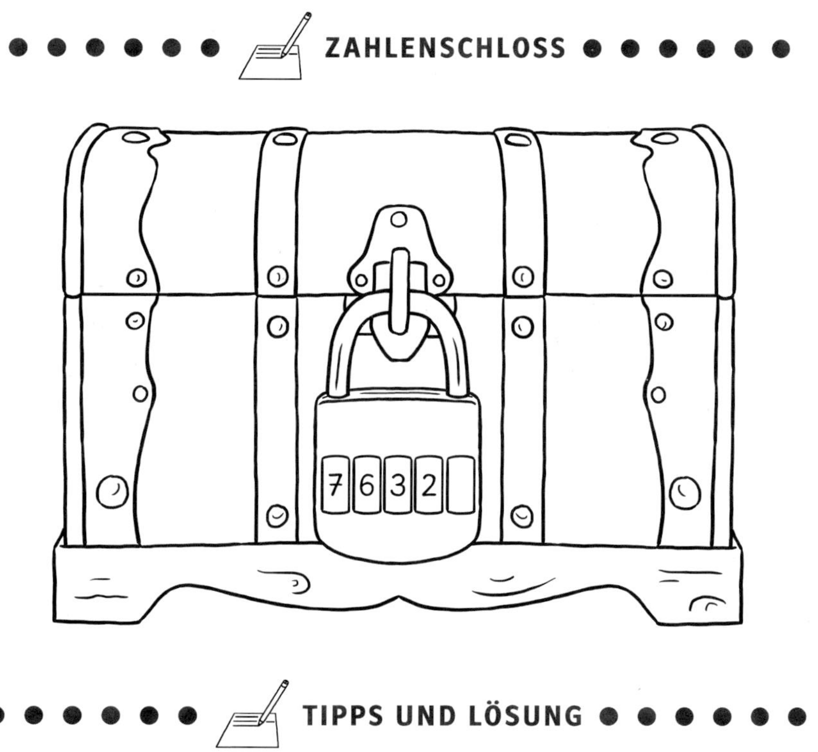

Tipps und Lösung

Tipps:

- Verbindet die Texte mit den passenden Bildern. Nehmt dazu am besten ein Lineal.
- Erkennt ihr den Strauß?

Zwischenergebnis:

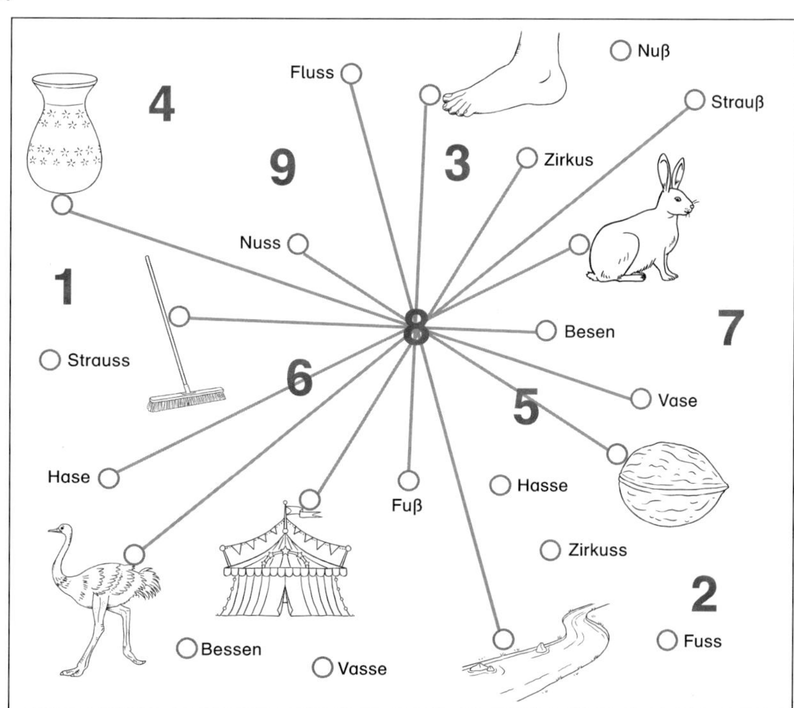

Lösungszahl: 8. Wenn die Bilder und Wörter richtig miteinander verbunden sind, kreuzen sich die Linien bei der Ziffer 8.

WÖRTER MIT K ODER CK

HINWEISE UND GESCHICHTE

Benötigte Materialien:
- Stoppuhr
- Geschichte zum Vorlesen
- Rätselmaterialien in der Anzahl der Gruppen
- Umschläge

Vorbereitung:
- Rätsel in der Anzahl der Teams kopieren und an den Trennlinien auseinanderschneiden
- in der Klasse die Informationen für die Spielteams aufhängen und zu Beginn noch einmal darauf hinweisen
- nach Wunsch als Belohnung einen Gutschein vorbereiten

Durchführung:
- Gruppen mithilfe der Karten einteilen
- Geschichte vorlesen
- jedem Team die Rätselmaterialien in einem Umschlag überreichen
- die Zeit starten

GESCHICHTE ZUM VORLESEN

Eure Lehrerin schickt euch auf den Dachboden der Schule. Ihr sollt ein paar Materialien für den Kunstunterricht holen. Hier oben wart ihr noch nie. Den Dachboden könnt ihr über eine Luke betreten, dazu müsst ihr zunächst eine Leiter herunterklappen. Oben auf dem Dachboden braucht ihr eine ganze Weile, bis ihr die Materialien gefunden habt – es herrscht ein richtiges Durcheinander. Räumt denn hier niemand auf? Ihr wollt gerade zurück in die Klasse, als ihr bemerkt, dass die Dachluke nicht mehr offen ist. Hat der Hausmeister sie von unten geschlossen? Ihr rüttelt an der Luke und müht euch ab, aber es ist vergebens. Sie bleibt verschlossen. Neben der Luke findet ihr ein Ziffernfeld. Vier Ziffern sind bereits eingegeben, die fünfte fehlt. Unter der Leiter entdeckt ihr einen eingeklemmten Briefumschlag. Ob ihr darin Hinweise auf die fehlende Ziffer findet? Ihr müsst euch beeilen, in 15 Minuten beginnt schon die Pause.

ENDE DER GESCHICHTE

Mit feuchten Händen tippt ihr die Zahlenkombination ein. Nachdem ihr die Eins getippt hat, öffnet sich die Dachluke. Schnell eilt ihr zurück ins Klassenzimmer und berichtet den anderen Kindern in der Pause von eurem kleinen Abenteuer.

Wörter mit k oder ck

RÄTSEL

Schneidet den Streifen aus.
Werden die Wörter mit k oder ck geschrieben?
Die Lösungsziffer für den Türcode:

RÄTSEL

Hinweise:
Beginnt mit dem 1. Wort.
Wird es mit ck geschrieben?
Faltet nicht.
Wird es mit k geschrieben?
Faltet entlang der Linie.

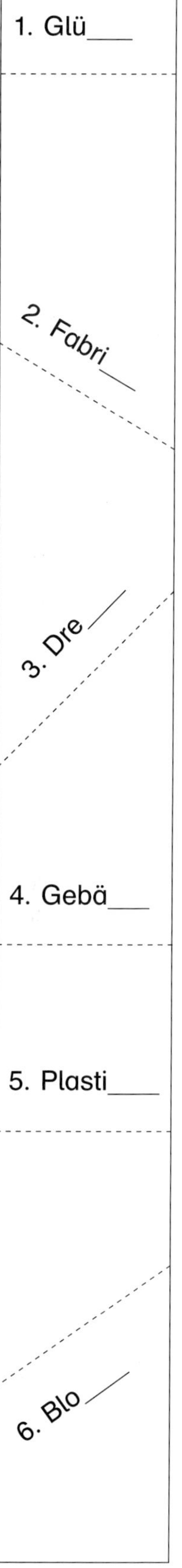

Wörter mit k oder ck

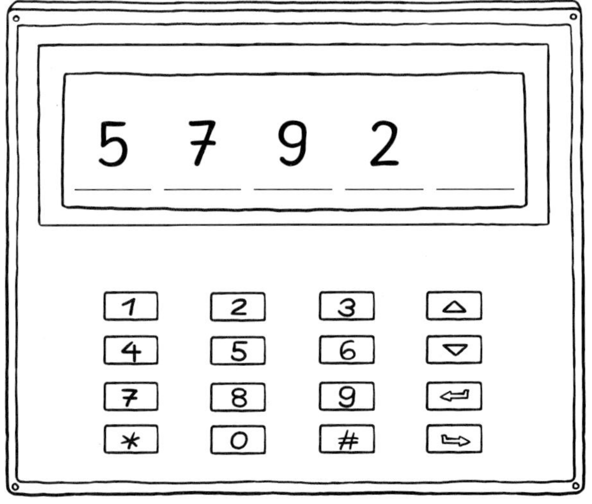

Tipps und Lösung

Tipps:

- Schaut euch den Streifen an und beginnt mit dem 1. Wort. Wird es mit ck geschrieben? Dann faltet nicht. Wird es mit k geschrieben? Faltet entlang der Linie. Macht nun mit dem zweiten Wort weiter.
- Ist der Streifen richtig gefaltet, nimmt er die Form der Lösungszahl an.

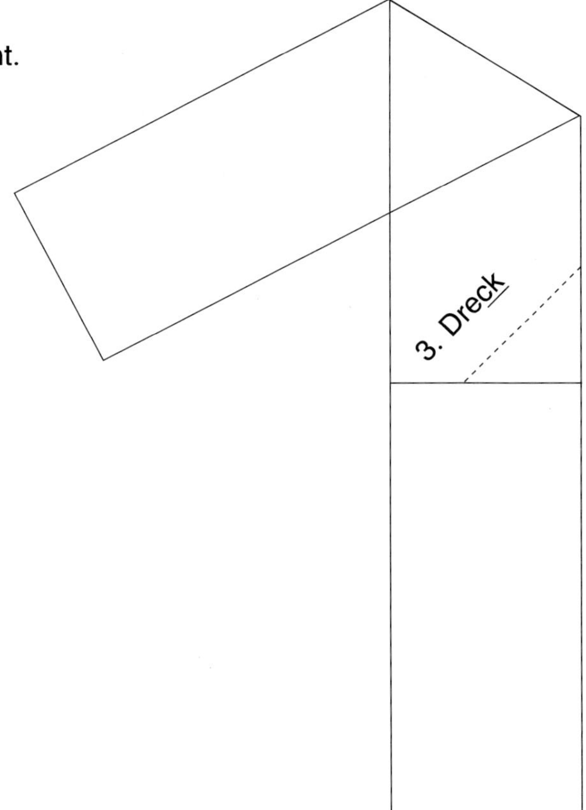

Zwischenergebnis:
Wörter mit k: 2, 5
Wörter mit ck: 1, 3, 4 und 6

Lösungszahl: 1. Sie ergibt sich aus der Form des gefalteten Streifens.

Arbeit mit dem Wörterbuch

Hinweise und Geschichte

Benötigte Materialien:

- Stoppuhr
- Geschichte zum Vorlesen
- Rätselmaterialien in der Anzahl der Gruppen
- Umschläge

Vorbereitung:

- Rätsel in der Anzahl der Teams kopieren und an den Trennlinien auseinanderschneiden
- in der Klasse die Informationen für die Spielteams aufhängen und zu Beginn noch einmal darauf hinweisen
- nach Wunsch als Belohnung einen Gutschein vorbereiten oder eine weiterführende Aufgabe aus der Unterrichtseinheit vergeben

Durchführung:

- Gruppen mithilfe der Karten einteilen
- Geschichte vorlesen
- jedem Team die Rätselmaterialien in einem Umschlag überreichen
- die Zeit starten

Geschichte zum Vorlesen

Als Hausaufgabe sollt ihr verschiedene Begriffe im Wörterbuch nachschlagen. Ihr trefft euch nach dem Mittagessen dazu in der Schule. Im Computerraum wollt ihr die Aufgabe mithilfe eines digitalen Kinderwörterbuchs lösen. Der Computerraum ist leer – komisch, es ist gar keine Aufsicht hier. Ihr setzt euch an einen Rechner, bei dem der Bildschirm beleuchtet ist. Dann entdeckt ihr einen Klebezettel am Bildschirm: „Wer ein digitales Wörterbuch benutzen will, muss erst mal beweisen, dass sie/er auch ein analoges verwenden kann. Fast alle Zahlen für das Computerpasswort sind eingetippt, die letzte muss enträtselt werden. Unter der Tastatur befindet sich ein Briefumschlag mit weiteren Informationen. Beeilt euch lieber, die Ziffern verschwinden in 15 Minuten!“
Ihr schaut unter der Tastatur nach – tatsächlich, ein Briefumschlag.

Ende der Geschichte

Aufgeregt tippt ihr mit der Tastatur die 3 ein. Juhu – es hat geklappt! Nun könnt ihr endlich am Computer weiterarbeiten.

RÄTSEL

Schneidet die Wörter aus.
Sortiert sie nach dem Alphabet.
Die Lösungsziffer für das Bildschirmpasswort:

RÄTSEL

Hinweise:
Ordnet die Wörter nach dem 1. Buchstaben: **A**horn, **B**anane, **C**lown.
Ist der 1. Buchstabe gleich? Dann ordnet die Wörter nach dem 2. Buchstaben: A**h**orn, A**m**pel, A**n**anas
Sind der 1. und 2. Buchstabe gleich? Dann ordnet die Wörter nach dem 3. Buchstaben: Da**c**h, Da**m**e, Da**n**k

Wort	Buchstabe
Dose	T
Zwetschge	I
Flug	E
Bild	H
Film	D
Ast	N

Wort	Buchstabe
Pauke	D
Tänzerin	E
Floh	I
Radieschen	R
Biber	E
Distel	M

Arbeit mit dem Wörterbuch

BILDSCHIRM

TIPPS UND LÖSUNG

Tipps:
- A B C D E F G H I J K L M N O P Q R S T U V W X Y Z

Zwischenergebnis:

Wort	Buchstabe
Ast	N
Biber	E
Bild	H
Distel	M
Dose	T
Film	D

Wort	Buchstabe
Floh	I
Flug	E
Pauke	D
Radieschen	R
Tänzerin	E
Zwetschge	I

Lösungszahl: 3. Sie ergibt sich aus dem Satz: *Nehmt die Drei.*

Wortfamilien

Hinweise und Geschichte

Benötigte Materialien:
- Stoppuhr
- Geschichte zum Vorlesen
- Rätselmaterialien in der Anzahl der Gruppen
- Umschläge

Vorbereitung:
- Rätsel in der Anzahl der Teams kopieren und an den Trennlinien auseinanderschneiden
- Puzzleteile für die Gruppen ausschneiden
- in der Klasse die Informationen für die Spielteams aufhängen und zu Beginn noch einmal darauf hinweisen
- nach Wunsch als Belohnung einen Gutschein vorbereiten oder eine weiterführende Aufgabe aus der Unterrichtseinheit vergeben

Durchführung:
- Gruppen mithilfe der Karten einteilen
- Geschichte vorlesen
- jedem Team die Rätselmaterialien in einem Umschlag überreichen
- die Zeit starten

Geschichte zum Vorlesen

Heute macht ihr mit eurer Klasse einen Ausflug zu dem *Forscherhaus der deutschen Sprache*. Mit der Klassenlehrerin geht es morgens in einem Bus los. Im Sprachenhaus könnt ihr forschen, lernen und auf Entdeckungstouren gehen und so Spannendes rund um unsere Sprache erfahren. Die letzten 20 Minuten dürft ihr eure Frühstücksbrote herausholen und eine Pause machen – dann soll es mit dem Bus wieder zur Schule gehen. Eine Gruppe von euch möchte lieber weiter Dinge entdecken. Da kommt es euch sehr entgegen, dass ihr vorhin eine geheimnisvolle Tür entdeckt habt. Ihr entfernt euch von der Klasse und schlüpft durch die angelehnte Tür. Mit einem lauten *Rumms* fliegt die Tür hinter euch zu. Jetzt ist es aber dunkel. Ihr versucht, die Tür zu öffnen – keine Chance, sie bleibt verschlossen. Neben der Tür befindet sich ein Ziffernfeld, ein vierstelliger Code würde euch herausbringen. Aber wie sollt ihr die Zahlen herausfinden? Da entdeckt ihr einen Zettel auf dem Boden: „Für den Fall der Fälle: Der Zahlencode lautet 923 …“ Oh nein! Die letzte Zahl fehlt. Das gibts doch gar nicht! Doch dann entdeckt einer von euch einen Briefumschlag auf dem Boden. Was er wohl zu bedeuten hat? Schnell öffnet ihr ihn … Jetzt müsst ihr euch beeilen, in 15 Minuten fährt der Bus zurück zur Schule.

Ende der Geschichte

Schnell gebt ihr die fehlende Zahl ein. Erleichtert stellt ihr fest, dass sich die Tür einen Spalt weit öffnet. Da habt ihr noch einmal Glück gehabt! Schnell macht ihr euch auf den Weg zurück zur Klasse.

WORTFAMILIEN

RÄTSEL

Lest euch die Wörter durch.
Legt sie auf die Felder mit den passenden Wortfamilien.
Die Lösungsziffer für den Türcode:

RÄTSEL

Schreibpapier, weiterschreiben, Rechtschreibung	Malerkittel, bemalen, Malerhose	Fahrschule, Fahrrad, Fahrplan
verschlafen, Schlafenszeit, Schlafsofa	Lesesessel, Leseratte, Leserbrief	Esstisch, essbar, Esslöffel
Backpulver, Backförmchen, Backofen	Spielplatz, Spielfigur, verspielt	hingehen, ausgehen, umgehen

gehen (Wortstamm geh-)	fahren (Wortstamm fahr-)	malen (Wortstamm mal-)
schlafen (Wortstamm schlaf-)	backen (Wortstamm back-)	spielen (Wortstamm spiel-)
lesen (Wortstamm les-)	essen (Wortstamm ess-)	schreiben (Wortstamm schreib-)

Wortfamilien

TÜRCODE

TIPPS UND LÖSUNG

Tipps:

- Eine **Gruppe von Wörtern**, die denselben oder einen ähnlichen **Wortstamm** haben, nennt man Wortfamilie.

Zwischenergebnis:

hingehen, ausgehen, umgehen	Fahrschule, Fahrrad, Fahrplan	Malerkittel, bemalen, Malerhose
verschlafen, Schlafenszeit, Schlafsofa	Backpulver, Backförmchen, Backofen	Spielplatz, Spielfigur, verspielt
Lesesessel, Leseratte, Leserbrief	Esstisch, essbar, Esslöffel	Schreibpapier, weiterschreiben, Rechtschreibung

Lösungszahl: 6. Sie ergibt sich aus dem richtig zusammengesetzten Puzzle.

Buchvorstellung planen

Hinweise und Geschichte

Benötigte Materialien:
- Stoppuhr
- Geschichte zum Vorlesen
- Rätselmaterialien in der Anzahl der Gruppen
- Umschläge

Vorbereitung:
- Rätsel in der Anzahl der Teams kopieren und an den Trennlinien auseinanderschneiden
- in der Klasse die Informationen für die Spielteams aufhängen und zu Beginn noch einmal darauf hinweisen
- nach Wunsch als Belohnung einen Gutschein vorbereiten oder eine weiterführende Aufgabe aus der Unterrichtseinheit vergeben

Durchführung:
- Gruppen mithilfe der Karten einteilen
- Geschichte vorlesen
- jedem Team die Rätselmaterialien in einem Umschlag überreichen
- die Zeit starten

Geschichte zum Vorlesen

Ihr besucht mit eurer Klasse einen Kinderbuchverlag in der Stadt. Ihr habt euch lange auf den Tag gefreut, schließlich werden hier all eure Lieblingsbücher verlegt. Ihr dürft in Büchern von Astrid Lindgren stöbern, lustige Geschichten von den Olchis lesen und mit Peter und Piet auf Waldentdeckertour gehen. Die Lektorin Julia Beergs hat euch erlaubt, dass ihr euch frei durch alle Verlagsräume bewegen und in allen Büchern lesen dürft, die euch gefallen. Eine Gruppe von euch entdeckt inmitten eines großen Bücherregals eine Tür. Das weckt natürlich eure Abenteuerlust und ihr schaut nach, was sich hinter der Tür befindet. Es handelt sich um einen kleinen Raum, in dem in der Mitte ein Schreibtisch steht. Auf dem Schreibtisch findet ihr eine Holzkiste, die mit einem Vorhängeschloss gesichert ist. Daneben liegt ein Briefumschlag. Neugierig öffnet ihr ihn und lest den ersten Zettel: „Vier Ziffern sind bereits richtig eingestellt. Um die fünfte zu enträtseln, müsst ihr euer Können unter Beweis stellen."

Ihr holt den Inhalt aus dem Umschlag hervor und macht euch sofort an die Arbeit. Ihr müsst euch beeilen, in 15 Minuten soll es wieder zurück zur Schule gehen.

Ende der Geschichte

Ihr stellt die Zahl 7 im Vorhängeschloss ein, öffnet den Bügel und klappt den Deckel nach hinten. Nun könnt ihr einen Blick in die Truhe werfen. Darin befindet sich ein weiterer Zettel. Auf diesem steht: „Und nun seid ihr an der Reihe! Wählt ein Buch aus und plant eure Buchvorstellung!"

Buchvorstellung planen

●●●●●● RÄTSEL ●●●●●●

Lest den Text.
Schneidet den Stern aus.
Wenn ihr ihn richtig nutzt, kommt ihr auf die Ziffer für das Zahlenschloss.
Lest dafür entgegen dem Uhrzeigersinn:

●●●●●● RÄTSEL ●●●●●●

Buchvor**s**tellung planen

Wähle ein Buch aus, das dich begeistert und das du deinen Mitschülerinnen und Mitschülern empfehlen möchtest.
Ze**i**ge der Klasse das Buchcover und beginne mit ei**n**er Einleitung. Dabei solltest du allgeme**i**ne Informationen zum Buch geben: über die Autorin / den Autor, den Buchtitel, den Verlag und das Genre.
Anschließend solltest du den Inhalt des Buches kurz zusammenfassen und einen Überblick über die Handlung und die Figuren geben. Schließe dann eine Leseprobe an u**n**d wähle dafür zwei spannende, witzig**e** oder wichtige Stellen aus.

Am Ende der Buchvorst**e**llung kannst du eine kurze Bewertung geben (0–5 Sterne) und begründen, warum du das **B**uch ausgewählt hast und was dir daran besonders gefällt.
Du kannst auch erklären, wer deine Lieblingsfigur ist und was du an ihr magst.

●●●●●● RÄTSEL ●●●●●●

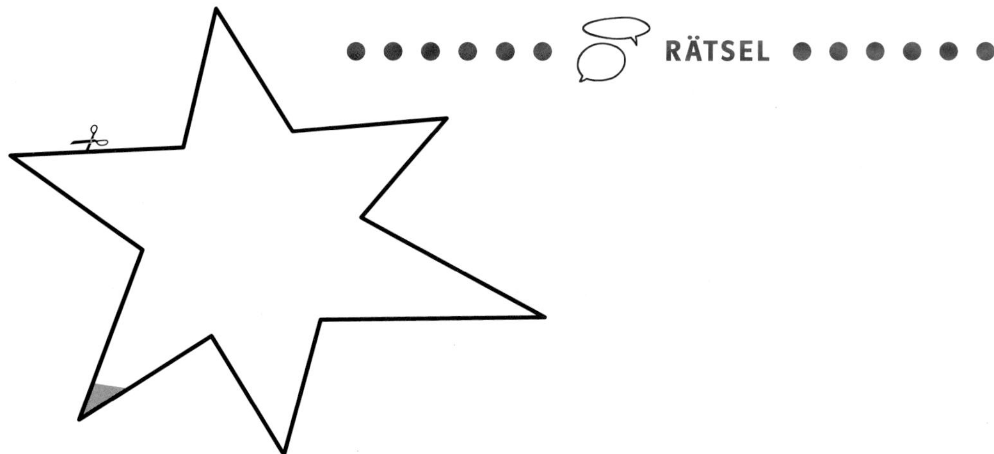

Buchvorstellung planen

Zahlenschloss

Tipps und Lösung

Tipps:

- Seht ihr die Kennzeichnung, wie der Stern auf den Text gelegt werden soll?
- Wenn die Schablone richtig auf den Lesetext gelegt ist, zeigen die Sternzacken auf sechs Buchstaben.

Zwischenergebnis:

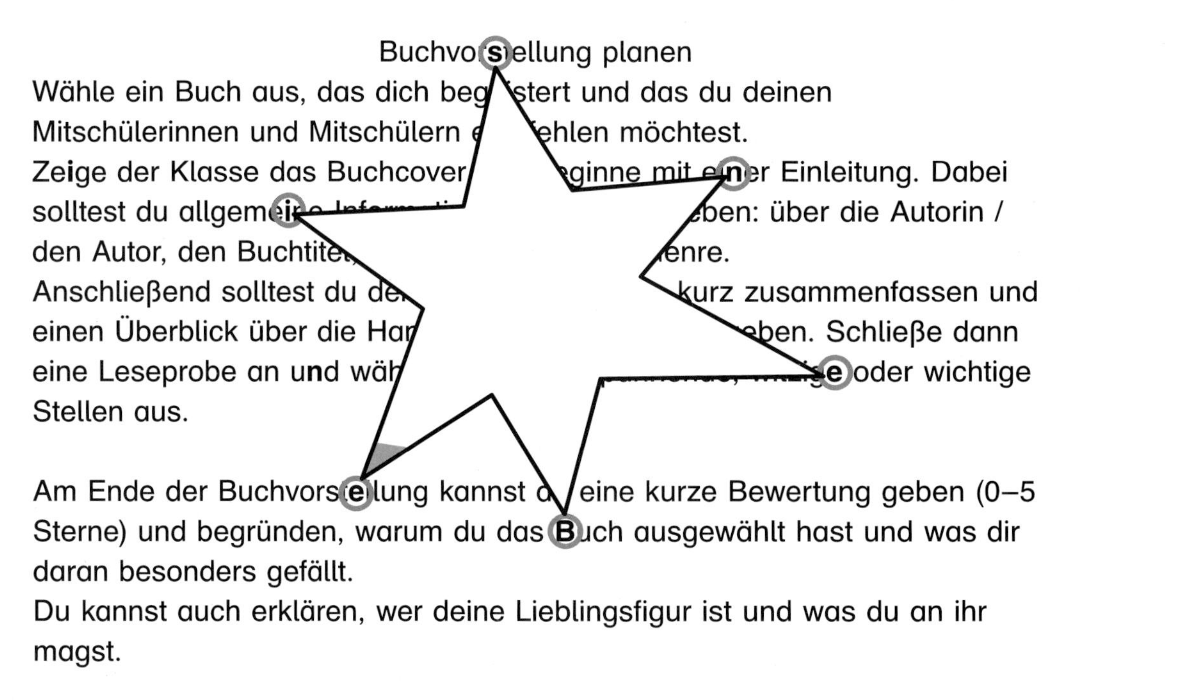

Buchvorsellung planen

Wähle ein Buch aus, das dich beg stert und das du deinen
Mitschülerinnen und Mitschülern e fehlen möchtest.
Zeige der Klasse das Buchcover eginne mit einer Einleitung. Dabei
solltest du allgemei ben: über die Autorin /
den Autor, den Buchtite enre.
Anschließend solltest du de kurz zusammenfassen und
einen Überblick über die Ha eben. Schließe dann
eine Leseprobe an und wäh e oder wichtige
Stellen aus.

Am Ende der Buchvorseilung kannst d eine kurze Bewertung geben (0–5
Sterne) und begründen, warum du das Buch ausgewählt hast und was dir
daran besonders gefällt.
Du kannst auch erklären, wer deine Lieblingsfigur ist und was du an ihr
magst.

Lösungszahl: 7. Sie ergibt sich aus den Lösungsbuchstaben SIEBEN.

Gesprächsregeln

Hinweise und Geschichte

Benötigte Materialien:

- Stoppuhr
- Geschichte zum Vorlesen
- Rätselmaterialien in der Anzahl der Gruppen
- Umschläge

Vorbereitung:

- Rätsel in der Anzahl der Teams kopieren und an den Trennlinien auseinanderschneiden
- Kreise für die Gruppen ausschneiden
- in der Klasse die Informationen für die Spielteams aufhängen und zu Beginn noch einmal darauf hinweisen
- nach Wunsch als Belohnung einen Gutschein vorbereiten oder eine weiterführende Aufgabe aus der Unterrichtseinheit vergeben

Durchführung:

- Gruppen mithilfe der Karten einteilen
- Geschichte vorlesen
- jedem Team die Rätselmaterialien in einem Umschlag überreichen
- die Zeit starten

Geschichte zum Vorlesen

In der nächsten Woche soll es um Klassenregeln gehen. Eure Klassenlehrerin will sie gemeinsam mit euch erarbeiten und ein Plakat gestalten, das dann im Klassenzimmer aufgehängt werden soll. Ihr wollt schon etwas vorarbeiten und nach Regeln im Internet forschen. Dazu trefft ihr euch nach der Schule im Klassenraum. Ihr setzt euch an einen Computer, bei dem der Bildschirm noch beleuchtet ist – da hat der Klassendienst aber nicht aufgepasst! Dann entdeckt ihr einen Klebezettel am Bildschirm: „Fast alle Zahlen für das Passwort sind eingetippt, die letzte muss enträtselt werden. Unter der Tastatur befindet sich ein Briefumschlag mit weiteren Informationen. Beeilt euch lieber, die Ziffern verschwinden in 15 Minuten!“ Ihr schaut unter der Tastatur nach – tatsächlich, ein Briefumschlag. Jetzt müsst ihr euch beeilen …

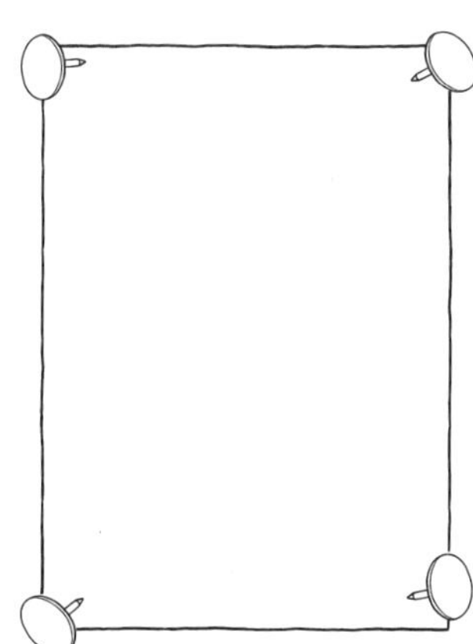

Ende der Geschichte

Ihr tippt auf der Tastatur die 6 und *zack* – es hat funktioniert! Der Bildschirm ist frei, ihr könnt nun endlich zu Klassenregeln forschen und habt schon viel Wissen zu den Gesprächsregeln.

GESPRÄCHSREGELN

RÄTSEL

Füllt die Lücken im Text.
Die Kreise helfen euch dabei.
Die Lösungsziffer für das Bildschirmpasswort:

☐

RÄTSEL

Gesprächsregeln
Damit die Zeit in der Schule so angenehm wie möglich ist, ist es wichtig, dass sich alle an bestimmte Regeln halten. Würden im Unterricht oder im Sitzkreis alle Kinder durcheinandersprechen, würde Chaos ausbrechen und kein Kind könnte mehr etwas verstehen. Wenn du mit anderen in Sprechsituationen bist, brauchst du Regeln: die Gesprächsregeln. Die Regeln könnt ihr auf einem Poster gestalten und in der Klasse aufhängen.

1. Ich ☐☐☐☐ anderen zu.
2. Ich unterbreche niemanden und lasse andere ☐☐[1]☐☐☐☐☐.
3. Ich ☐☐☐☐[2] niemanden aus.
4. Wenn ich etwas sagen möchte oder eine ☐☐☐☐☐ habe, melde ich mich.
5. Ich ☐☐☐☐[3]☐☐ respektvoll mit anderen.
6. Ich spreche laut und ☐☐☐☐☐☐☐[4].
7. Ich spreche in ganzen [5]☐☐☐☐☐.

RÄTSEL

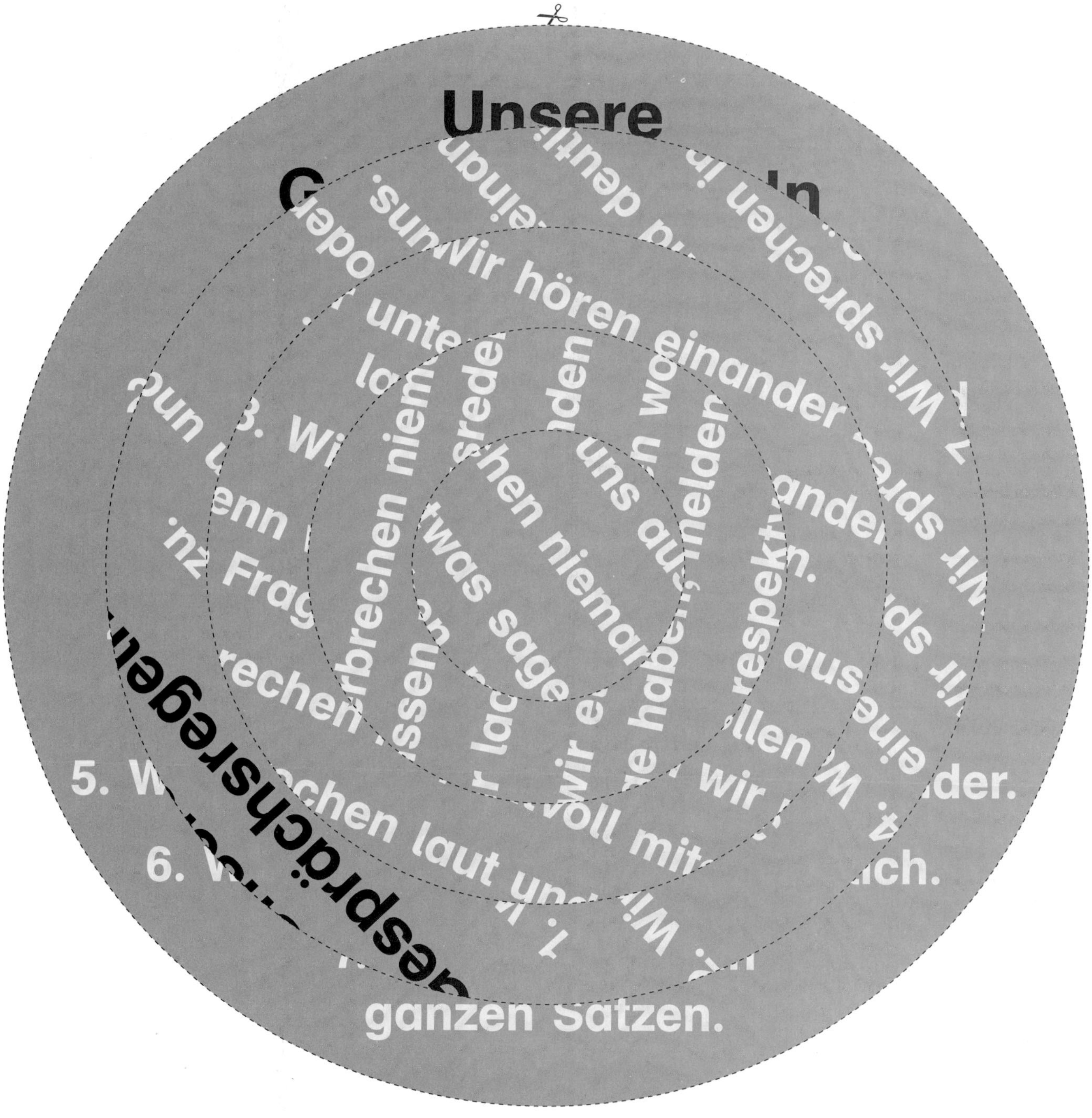

Unsere

G... ...ln

5. W...

6. ...

ganzen Sätzen.

...der.

...lich.

Gesprächsregeln

Bildschirm

Tipps und Lösung

Tipps:

- Setzt die Kreise richtig zusammen.

Zwischenergebnis:

Unsere Gesprächsregeln

1. Wir hören einander zu.
2. Wir unterbrechen niemanden und lassen uns ausreden.
3. Wir lachen niemanden aus.
4. Wenn wir etwas sagen wollen oder eine Frage haben, melden wir uns.
5. Wir sprechen respektvoll miteinander.
6. Wir sprechen laut und deutlich.
7. Wir sprechen in ganzen Sätzen.

1. Ich höre anderen zu.
2. Ich unterbreche niemanden und lasse andere ausreden.
3. Ich lache niemanden aus.
4. Wenn ich etwas sagen möchte oder eine Frage habe, melde ich mich.
5. Ich spreche respektvoll mit anderen.
6. Ich spreche laut und deutlich.
7. Ich spreche in ganzen Sätzen.

Lösungszahl: 6. Sie ergibt sich aus den Lösungsbuchstaben SECHS.

Konflikte lösen

Hinweise und Geschichte

Benötigte Materialien:
- Stoppuhr
- Geschichte zum Vorlesen
- Rätselmaterialien in der Anzahl der Gruppen
- Umschläge

Vorbereitung:
- Rätsel in der Anzahl der Teams kopieren und an den Trennlinien auseinanderschneiden
- in der Klasse die Informationen für die Spielteams aufhängen und zu Beginn noch einmal darauf hinweisen
- nach Wunsch als Belohnung einen Gutschein vorbereiten oder eine weiterführende Aufgabe aus der Unterrichtseinheit vergeben

Durchführung:
- Gruppen mithilfe der Karten einteilen
- Geschichte vorlesen
- jedem Team die Rätselmaterialien in einem Umschlag überreichen
- die Zeit starten

Geschichte zum Vorlesen

Ihr seid am Nachmittag verabredet und spielt bei einem Kind aus eurer Gruppe im Zimmer. Plötzlich entfacht sich ein Streit darüber, wer mit welcher Figur spielen darf. Es wird laut und ihr beleidigt euch. Unerwartet klopft es an der Tür. Nanu, ihr dachtet, ihr seid allein im Haus. Ihr öffnet die Tür, aber weit und breit ist niemand zu sehen. Da entdeckt ihr auf dem Boden einen Zettel: „Die Lösung für euer Problem befindet sich im Vorratskeller."

Ihr eilt hinunter und findet im Regal neben Obstkisten, Kartoffelsäcken und Einmachgläsern eine Holzkiste, die mit einem Vorhängeschloss versperrt ist. Daneben liegt ein Briefumschlag. Neugierig öffnet ihr ihn und lest den ersten Zettel: „Drei Ziffern sind bereits richtig eingestellt. Um die vierte und fünfte zu enträtseln, müsst ihr euer Können unter Beweis stellen. Beeilt euch, in 15 Minuten gibt es Abendessen!" Ihr holt den Inhalt aus dem Umschlag hervor und macht euch sofort an die Arbeit.

Ende der Geschichte

Ihr stellt die Zahlen 3 und 7 im Vorhängeschloss ein, öffnet den Bügel und klappt den Deckel nach hinten. Nun könnt ihr einen Blick in die Truhe werfen. Darin befindet sich ein Zettel. Auf dem steht: „Nun seid ihr Konfliktprofis und könnt ihr euren Streit ganz alleine lösen!"

Konflikte lösen

RÄTSEL

Lest die Sätze.
Welche Sätze können Konflikte lösen?
Malt friedliche Sätze grün an.
Streicht Streitsätze durch.
Die Ziffer für das Zahlenschloss:

Richtig plus
richtig plus
richtig plus ... – findet
ihr die Lösungsziffer?

RÄTSEL

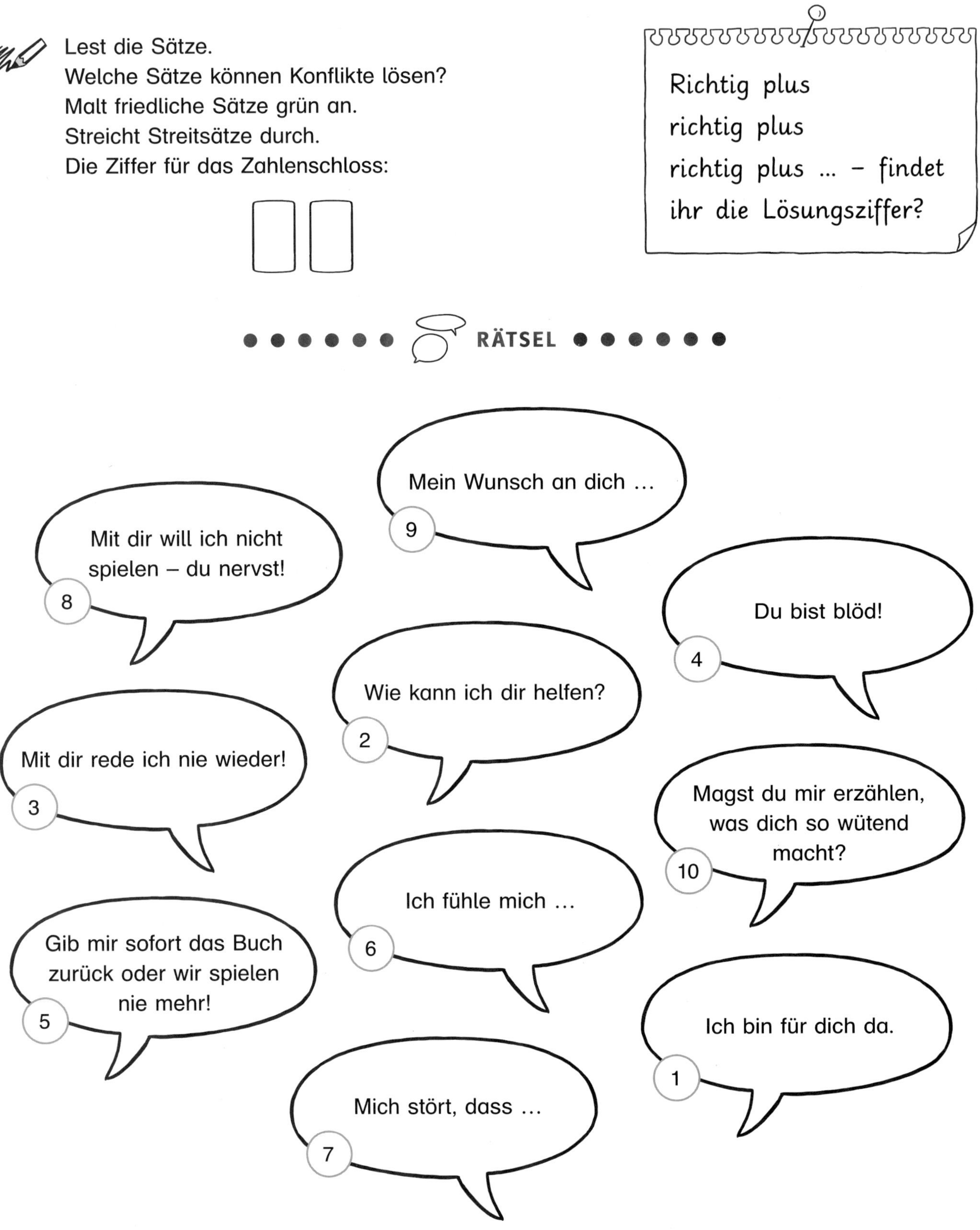

Konflikte lösen

Zahlenschloss

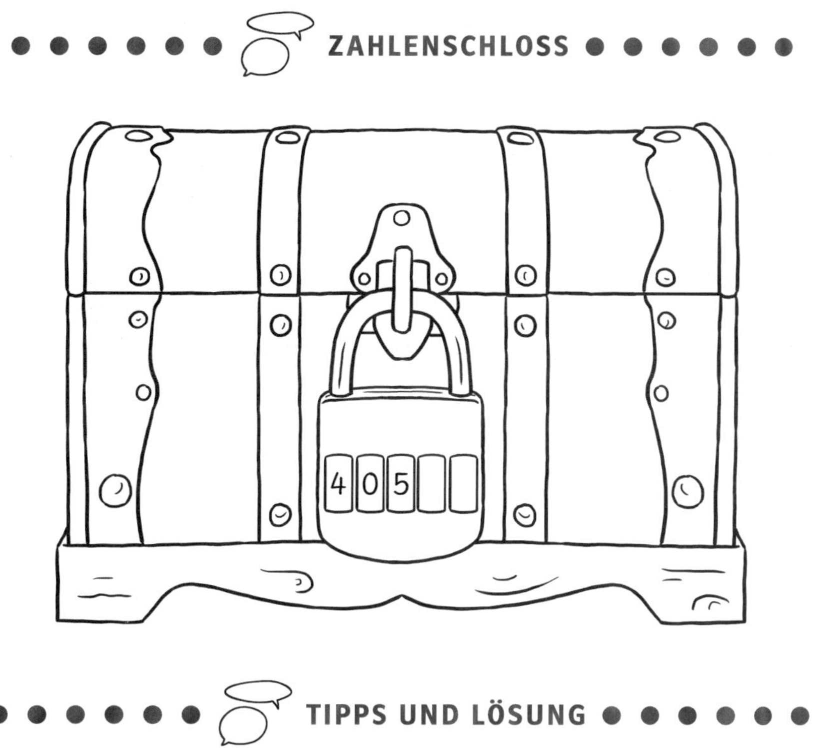

Tipps und Lösung

Tipps:

- Um friedlich miteinander zu sprechen, sollte man über seine Gefühle sprechen und den anderen / die andere nicht beleidigen. Man darf auch seine Wünsche äußern.

Zwischenergebnis:

Lösungszahlen: 35. Summiert man die angegebenen Ziffern auf den Sprechblasen mit friedlichen Aussagen, erhält man das Ergebnis: 1 + 2 + 6 + 7 + 9 + 10 = 35.

Gruselgeschichten

Hinweise und Geschichte

Benötigte Materialien:
- Stoppuhr
- Geschichte zum Vorlesen
- Rätselmaterialien in der Anzahl der Gruppen
- Umschläge

Vorbereitung:
- Rätsel in der Anzahl der Teams kopieren und an den Trennlinien auseinanderschneiden
- in der Klasse die Informationen für die Spielteams aufhängen und zu Beginn noch einmal darauf hinweisen
- nach Wunsch als Belohnung einen Gutschein vorbereiten oder eine weiterführende Aufgabe aus der Unterrichtseinheit vergeben

Durchführung:
- Gruppen mithilfe der Karten einteilen
- Geschichte vorlesen
- jedem Team die Rätselmaterialien in einem Umschlag überreichen
- Vorlesetext Gruselgeschichte vorlesen oder abspielen
- die Zeit starten

Geschichte zum Vorlesen

Ihr seid auf Klassenfahrt und übernachtet in einem alten Schloss. Als alle Kinder schlafen, ist eure Abenteuerlust geweckt. Eine Gruppe von euch macht sich auf den Weg, das Schloss zu erkunden. Wie gruselig es hier ist. Der Wind pfeift durch die Gänge und überall knarrt und rumpelt es. Dann entdeckt ihr die Stufen in den Keller und nehmt all euren Mut zusammen. Ihr traut euch hinunter. Am Ende der Treppe befindet sich eine Tür. Ihr öffnet sie vorsichtig und betretet den Raum dahinter. Da fällt die Tür hinter euch mit einem lauten *Rumms* zu. Jetzt ist es aber dunkel! Es fällt nur durch den Türschlitz etwas Licht. Ihr versucht, die Tür zu öffnen – keine Chance, sie bleibt verschlossen. Neben der Tür befindet sich ein Ziffernfeld das schwach leuchtet. Ihr bemerkt, dass euch ein vierstelliger Code herausbringen würde. Aber wie sollt ihr die Zahlen herausfinden? Da entdeckt ihr auf dem Boden eine leuchtende Schrift: „9238". Oh nein! Die letzte Zahl fehlt, ihr müsst sie beim Betreten des Raumes mit euren Schuhen verwischt haben. Doch dann entdeckt einer von euch einen Briefumschlag auf dem Boden. Was er wohl zu bedeuten hat? Auf der Außenseite steht: Wer diesen Briefumschlag öffnet, hat 15 Minuten Zeit. Schnell öffnet ihr ihn … Jetzt müsst ihr euch beeilen.

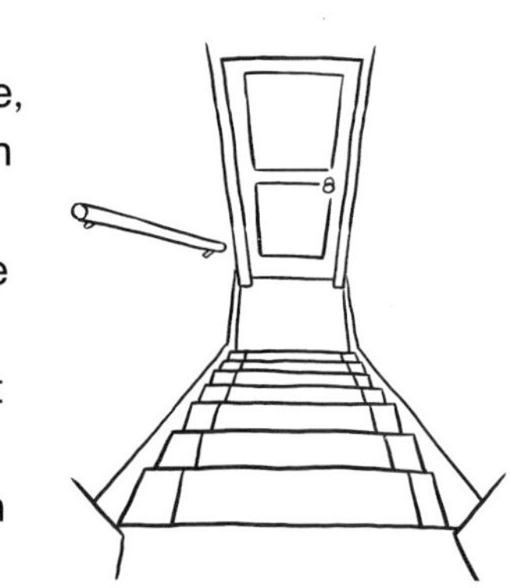

Ende der Geschichte

Ihr tippt aufgeregt die Ziffern auf dem Feld ein … Zum Glück! Die Kellertür öffnet sich und ihr seid wieder frei! Schnell eilt ihr hinauf und macht als Erstes überall in den Zimmern Licht an. Das waren genug Gruselmomente für einen Abend!

[Vorlesetext Gruselgeschichte]
Der geheimnisvolle Schrank
Marla und Piet sind zu Besuch bei den Großeltern. Sie wohnen in einem alten Haus mitten im Wald. Nachts kann es hier ganz schön unheimlich werden. Dann fürchten sich die beiden Kinder und hören seltsame Geräusche: knarzende Türen, Quietschen in den Bäumen oder heulende Winde.
Oma und Opa haben heute einen neuen Holzschrank bekommen und an die Treppe gestellt, die zum Keller führt. Als es Nacht wird und alle schlafen gegangen sind, wird Piet wieder wach. Was hat ihn geweckt? Plötzlich hört er etwas. Was ist das für ein Geräusch? Das ist neu! Es ist ein Kratzen und Klopfen. Schnell weckt er Marla und die beiden machen sich mutig mit ihren Taschenlampen auf den Weg, das Geräusch ausfindig zu machen. Schon bald stehen sie vor dem modrig riechenden Schrank. Da ist es wieder – ein Pochen aus dem Inneren. Ob dort ein Gespenst wohnt? Marla traut sich und öffnet vorsichtig eine Schranktür. Mit einem lauten Ächzen geht die Tür auf. Und dann: Plötzlich fliegt eine Fledermaus aus dem Schrank, zieht ein paar Kreise und verschwindet durch ein angelehntes Fenster. Puh, da haben sich die Kinder ganz schön erschreckt!

Hört oder lest die Geschichte.
Verbindet die Bilder in der Reihenfolge, in der sie in der Geschichte vorkommen.
Die Ziffer für den Türcode:

TÜRCODE

TIPPS UND LÖSUNG

Tipps:

- Hört genau zu.
- In welcher Reihenfolge kommen die Bilder in der Geschichte vor? Verbindet sie.

Zwischenergebnis:

Lösungszahlen: 1. Sie ergibt sich aus der Form der Verbindungslinie.

Karten zur Gruppeneinteilung

Informationen für die Spielteams

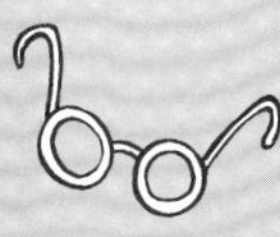

Rätsel genau lesen!
Lest die Rätselseiten und die Aufgaben ganz genau! Sie enthalten Hinweise.

Im Team arbeiten!
Arbeitet im Team: Jede und jeder kann etwas besonders gut. Teilt das Team auf:

- Wer übernimmt die Schreibaufgaben und notiert die Zwischenergebnisse und Lösungen?
- Wer holt Tipps bei der Lehrkraft oder zeigt das Ergebnis?
- Wer ist Zeitwächterin/Zeitwächter und hat die Uhr im Blick?
- Wer ist Materialverwalterin/Materialverwalter und hat alle Unterlagen im Blick?

Fertige Rätsel der Lehrkraft zeigen!
Tragt die Lösung auf der Vorlage ein und zeigt sie der Lehrkraft.

Informationen für die Spielteams

Rätsel genau lesen!
Lest die Rätselseiten und die Aufgaben ganz genau! Sie enthalten Hinweise.

Im Team arbeiten!
Arbeitet im Team: Jede und jeder kann etwas besonders gut. Teilt das Team auf:

- Wer übernimmt die Schreibaufgaben und notiert die Zwischenergebnisse und Lösungen?
- Wer holt Tipps bei der Lehrkraft oder zeigt das Ergebnis?
- Wer ist Zeitwächterin/Zeitwächter und hat die Uhr im Blick?
- Wer ist Materialverwalterin/Materialverwalter und hat alle Unterlagen im Blick?

Fertige Rätsel der Lehrkraft zeigen!
Tragt die Lösung auf der Vorlage ein und zeigt sie der Lehrkraft.

Ausweise für Superdetektivin/Superdetektiv

TOP SECRET!

Superdetektivin

_______________________________ *Name*

_______________________________ *Deckname*

Daumenabdruck

- - - - - - - - - - - - - - - - - - - -

TOP SECRET!

Superdetektiv

_______________________________ *Name*

_______________________________ *Deckname*

Daumenabdruck

Belohnungskarten

GUTSCHEIN

Heute spielen wir etwas!

GUTSCHEIN

Ihr bekommt einmal hausaufgabenfrei!

GUTSCHEIN

Ihr bekommt zweimal hausaufgabenfrei!

GUTSCHEIN

Ihr bekommt 20 Minuten Computerzeit!

GUTSCHEIN

Ihr dürft ein Buch aussuchen und 10 Minuten darin lesen!

GUTSCHEIN

Wir gehen 5 Minuten früher in die Pause!

Belohnungskarten

GUTSCHEIN

Heute singen wir gemeinsam ein Lied!

GUTSCHEIN

Ihr bekommt 10 Minuten Spielzeit!

GUTSCHEIN

Ihr dürft ein Bewegungsspiel für die ganze Klasse aussuchen!

GUTSCHEIN

Heute basteln wir etwas!

GUTSCHEIN

Wir gehen gemeinsam auf den Spielplatz!

GUTSCHEIN

Ihr dürft ein Tafelspiel für die ganze Klasse aussuchen!

Jederzeit optimal vorbereitet in den Unterricht?

»